일상을 가다듬는
나의 철학 루틴

일상을 가다듬는
나의 철학 루틴

초판 1쇄 발행 2025년 11월 07일
초판 2쇄 발행 2025년 12월 07일

신고번호	제313-2010-376호
등록번호	105-91-58839

지은이　박정은

발행처	보민출판사
발행인	김국환
기획	김선희
편집	현경보
디자인	김민정

주소	경기도 파주시 해올로 11, 우미린더퍼스트@ 상가 2동 109호
전화	070-8615-7449
사이트	www.bominbook.com

ISBN　979-11-6957-386-3　　03160

- 가격은 뒤표지에 있으며, 파본은 구입하신 서점에서 교환해드립니다.
- 이 책은 저작권법에 의하여 보호를 받는 저작물이므로 무단 전재와 복사를 금합니다.
- 이 책은 2025년 부산광역시, 부산문화재단 〈부산문화예술지원사업〉으로 지원을 받았습니다.

일상을 가다듬는
나의 철학 루틴

박정은 에세이

평범한 저녁에 만난 동서양의 현자들은
살아있는 지혜와 힘이 되는 응원을 아낌없이 건넸다.

프롤로그

"철학 루틴으로 일상을 꾸려가며"

저녁형 인간에게 하루 중 가장 평화로운 시간대는 밤 9시 이후이다. 이 시간에 대부분의 사람들은 각자의 방식대로 쉬면서 불안을 줄이고 도파민을 촉진할 만한 소일을 하면서 남은 밤을 보낼 것이다. 좋아하는 일을 하면서 보낸 꿀 같은 휴식은 다음 날의 컨디션에도 영향을 미친다.

나의 경우 퇴근 후 집안일을 끝내고 나면 세상 편안한 옷차림과 자세로 동서고금의 철학자들을 자주 만나는 편이다. 철학이라는 용어 필로소피(philosophy)가 충실하게 담고 있는 것처럼, 그 무엇보다 '지혜를 사랑'했던 이들을 책으로 만나면서 기원전 5세기부터 21세기까지의 시간과 그리스, 인도, 독일, 프랑스, 중국 등 방대한 공간을 넘나든다.

철학이 깃들어 있는 영혼은 건전함으로 인해 육체까지 건강하게 만들어 줍니다. 그러한 영혼은 자신의 평온함과 기쁨을 밖으로 내비치게 마련이며, 자신의 상태로 외적인 모습을 만듭니다. 따라서 그런 영혼은 우아한 기품(氣品)과 활발하고 즐거운 태도와 만족스럽고 온유한 표정을 지니게 합니다. 지혜로움에 대한 확실한 증거는 변함없이 즐거움이며 달 위에 있는 사물처럼 항상 평화롭습니다. (몽테뉴 『수상록』 235쪽)

철학은 이미 만족스러운 인생을 사는 이들에게 안정감과 충만함을 더하고, 괴롭고 힘든 상황에 처한 사람에게는 용기와 배짱을 심어 주는 지혜의 묘약이다. 최근 어느 통계처럼 여유 시간의 대부분을 동영상 콘텐츠 등 미디어 이용에 쓰는 요즘, 전자기기를 통해 일방적으로 제공되는 영상이나 정보만으로는 채워지지 않는 내면의 빈자리에 깊은 영감을 주는 언어들이 차곡차곡 들어찬다.

정보의 시대, 소비의 시대를 살아가면서 새로운 소식을 클릭하고 또 클릭해도 끝이 없고, 신상을 사고 또 사도 마음 한구석이 허전할 수밖에 없는 것은 우리가 다름 아닌 '인간'으로 이 세상에 왔기 때문이다. 사는 동안 육체의 배고픔뿐만 아니라 영혼의 공허함도 채워가야 하는 존재… 그러다 때로는 프랑스 화가 폴 고갱의 그림 제목처럼 '우리는 어디서 왔고, 우리는 무엇이며, 우리는 어디로 가는가'라는 당혹스럽고도 근원적인 질문까지 불러들인다.

이럴 때 철학은 온 세상의 현자들이 평생을 바쳐 발견한 지혜를 아낌없이 나눠주곤 한다.

* * *

전체를 읽고 나야 작가의 메시지가 어렴풋이 떠오르는 책들도 많지만, 철학책은 펼쳐 든 한 단락에서 깨달음을 얻기도 하고 단 한 문장의 영향을 받기도 한다. 예를 들면 내가 "인간은 혼자 있을 때만 온전히 그 자신일 수 있다"라는 니체의 말에 꽂혀 가끔 어디에선가 혼자만의 시간을 갖고 고독을 기쁘게 즐기는 것처럼…

속도의 시대에 느리게 책을 읽는 행위는 줄어 간다는 통계도 있지만, 서점에 쏟아지는 책들은 더 다양하고 세분화되어 여행이든, 와인이든, 건강이든, 요리든 관심 분야가 있다면 얼마든지 독학이 가능한 시대가 되었다. 하지만 무수한 분야 가운데 '철학'은 어쩌다 보니 실용하고는 거리가 먼, 책상물림이나 몽상가들의 이상처럼 여겨지고 있는 것 같은 느낌이 들 때가 많다. 디지털 시대를 살고 있건만 책 속에 박제된 공자, 소크라테스의 명언이라 한들 먹고살기 바쁜 내 일상에 당장 무슨 소용인가 싶기도 하다. 그래도 최근에는 유명 철학자의 사상을 집중 조명한 책들이 두루 소개도 되고 인기를 끌기도 하지만, 예전에는 철학을 공부하는 사람조차 아주 별난 사람으로 취급받던 시절도 있었다.

좀 많이 오래되고 극단적이긴 하지만 도올 김용옥 선생의 경험담을 한번 보자. "내가 철학을 공부하려고 작정했을 때만 해도 철학과 학생이라고 하면 떠오르는 이미지는 여름에 두터운 오바를 입고 다방의 한구석에 웅크리고 앉아 빵떡모자 쓴, 얼굴은 폐병 3기 환자보다 더 파리하고, 그리고 줄담배를 피우면서 심각한 고민에 빠져있는 어둑어둑한 그 사나이, 그 사나이의 이미지를 벗어나지 못했다"라고 한다.

그만큼 현실감각이 한참 떨어져 보이는 것이 철학 하는 '그'의 이미지였던 것이다. 지금이라고 크게 달라지지는 않았다. 실용성과 취업통계에 밀려 대학의 철학과가 폐지되기도 하고, 여전히 철학은 특별히 관심을 가진 '그들만의 것'이지 '누구나의 것'이 되지는 못하고 있는 듯하다.

하지만 살다 보면 누구나 철학자가 된다는 말도 있는 것처럼 우리는 이런저런 세상사를 통해 이미 나름의 철학을 갖추고 있는 사람들이다. 숱한 인생 경험에 의해 단련된 '멋진' 시니어들을 보면 생을 달관한 철학자가 아니던가.

대학교 1학년 때 헌책방 골목에서 『쇼펜하우어 염세철학입문』이라는 책을 우연히 집어 들었던 나는, 이 책을 계기로 당시 베스트셀러였고 초보에게는 많이 어려웠던 책 동녘출판사의 『철학 에세이』를 연달아 보면서 철학의 세계에 입문했다. 그리고 중년의 나이가 된 지금까지 평범하기도 하고, 천재이기도 하고, 괴짜이기도 하고, 정신질환을 앓기도 한 온 세상 철학자들을 그냥 친구나 인생의 선배처럼 만나고 있다. 그러면서 그때나 지금이나 철학이야말로 실용적이고 생활 친화적인 분야라는 생각을 변함없이 하고 있다. 물론 난해한 책은 엄청난 괴로움을 주기도 하지만 살면서 드는 여러 의문에 대한 답을 구하는 과정 자체를 즐기면서 언제나 마음 부자, 영혼 만수르로 살아가고 있다.

* * *

당장 시급한 일들을 처리하며 주어진 생활을 꾸려나가기 바쁜 중에도 우리를 혼란에 빠뜨리는 일들은 너무도 많다. 그리고 세상은 하루라도 우리 마음이 편하도록 내버려 두질 않기에, 휩쓸리듯 살아가는 나약한 개인은 어쩔 수 없이 불안과 고통을 겪기 마련이다. 어느 시대이건 철학이 필요한 이유다. 어떤 상황에서도 삶의 지도를 잘 그리며 나아가는 데 철학이 매우 유용한 도구가 되어 주기도 한다.

경험을 토대로 한 철학의 쓸모를 얘기해 보자면, 가장 으뜸은 뭐니 뭐니해도 세상사는 지혜를 얻는 즐거움이다. 기원전 소크라테스 때부터 철학자들의 관심사는 언제나 '인간의 삶' 그 이상도 이하도 아니었다. 나와 우리를 둘러싼 세계가 어떻게 돌아가는지 그 근원을 파헤치고 고뇌한 끝에 빛과 같이 요긴한 지혜를 남겨 주었다. 때로는 담담하게, 때로는 망치의 가격처럼 충격적으로…

이론과 주장을 탐구해 가는 과정에도 의미를 부여하고 싶다. 철학자들이 자신의 사상을 펼쳐내는 과정은 대체로 체계적이고 논리적이다. 그러나 때로는 시집처럼 감상적으로 다가오는 책도 있고, 너무 난해해서 이해하는 데 시간이 많이 걸리는 책도 있으며, 도통 이해하기 어려운 책도 있다. 하지만 결론에 도달하기까지 인내심을 조금만 발휘한다면 자신의 생각을 논리적으로 표현할 수 있는 훈련이 되고, 지적 호기심을 채워가는 보람도 있다. 그래서 나는 철학이 결과보다 과정이 중요하다는 생각을 항상 하고 있다. "다른 일들의 경우에는, 그 일이 다 끝났을 때 비로소 힘겹게 열매가 얻어지지만 철학의 경우에는 기쁨이 앎과 동반한다. 왜냐하면 모두 배우고 나서 즐거움이 오는 것이 아니라 배움과 동시에 즐거움이 생기기 때문이다"라고 한 고대 철학자 에피쿠로스의 말에 진심으로 동감한다.

필사를 부르는 명문장을 만나는 기쁨도 있다. 철학책을 읽다 보면 수천수백 년 전 철학자의 한마디가 왜 21세기인 지금 '훅'하고 다가오는지 깜짝 놀랄 때가 있다. 한껏 응축된 그 한마디는 나를 움직이기도 하지만 때로는 세상을 뒤흔들어 놓기도 한다. 오죽했으면 철학책 속의 일부 문장만 발췌해 엮은, 이른바 '초역' 책들이 그렇게 인기를 끌까. 그런 책을 직접 만들어 갈 수 있다. 영감을 받은 문장들을 필사해 놓고 종종 열어보면 든든하고 재미있다.

철학자의 일대기를 통한 간접 경험도 감동을 준다. 나는 철학자의 전기가 있다면 따로 챙겨 읽는 편이다. 철학자는 소설 속의 주인공이 아닌 실존 인물이기 때문에, 그의 전기에는 한 인간으로서의 삶이 여실히 드러나 있다. 그들도 인간이기에 별의별 인생이 다 있지만 해당 철학자의 사상을 이해하는 데 큰 도움을 준다. 한때는 철학책을 읽을 때 오로지 사상에만 집중했었지만, 그가 어떤 시대, 어떤 사회 문화적 배경 속에서 어떤 삶을 살다 갔는지 알고 나서야 비로소 더 깊은 이해가 가능한 사상도 분명 있었다.

철학을 통해 은연중에 달라진 자신을 발견하기도 한다. 사람의 천성은 바꾸기 어렵다는 것이 만고불변의 진리로 통하고, 심지어 사람은 고쳐 쓰는 것이 아니라는 말까지 있지만 남이 나를 바꾸지는 못하더라도 나는 나를 변화시켜 갈 수 있다.

*＊＊

인생은 전쟁이고 낯선 땅에 머무는 것이다. 우리 인생에서 마지막으로 남는 것은 망각이다. 그렇다면 무엇이 우리를 호위해서 우리가 가야 할 길을 안내해 줄 것인가. 오직 한 가지가 있는데 그것은 철학이다. (마르쿠스 아우렐레우스 『명상록』 52쪽)

지금 이 시점, 인생의 도중에 생각해 보니 예나 지금이나 삶은 여전히 어렵고 시행착오가 따르며 넘어야 할 장애물도 수시로 놓이지만, 선입견 없이 주변과 세계를 대하는 자신만의 유연한 철학이 있다면 세찬 풍파에도 평정심을 유지하며 우아하게 살아갈 수 있다고 믿는다. 철학을 한다는 것은 누구보다 나 자신을 잘 알고 주체적인 삶을 살며 주변 환경이나 시대 상황에 대해서도 깨어 있는 안목을 지니게 된다는 것을 뜻하기 때문이다.

그러나 이렇게 거창한 의미가 아니어도 한결같은 일상을 이어가는 우리는 더 소소하게 철학과 함께 할 수 있다. 직장생활을 할 때도, 물건을 살 때도, 하다못해 음식을 만들 때나 콩나물을 살 때도 철학이 있는 삶은 평온하다. 때로는 길을 잃어도 북극성 같은 존재인 철학이 방향을 잡을 수 있게 한다.

이 책에는 그동안 내가 만난 철학자 중에서도 스스로 행복할 수 있도록 일상을 가다듬는 데 힘이 되어 주는 동서양의 철학자들을 실었다. 책을 읽는 누군가도 자신만의 철학 루틴으로 반복되는 오늘을 좀 더 아름답게 꾸려갈 수 있으면 좋겠다.

2025년 10월
지은이 **박정은**

목차

프롤로그 • 4

01. 영혼의 친구가 된 철학자 _ 마르쿠스 아우렐리우스 • 17

02. 미덕을 실천하는 삶이 가장 즐거워 _ 아리스토텔레스 • 33

03. 경쟁 시대일수록 다정하고 유연하게 _ 노자 • 47

04. 지혜의 사랑이라는 초심 _ 소크라테스 • 63

05. 행복은 스스로 만들어 가는 것 _ 알랭 • 79

06. 나를 새롭게 창조해 가는 '초인'이 되자 _ 니체 • 95

07. 불안한 마음을 가라앉히는 신경안정 책 _ 부처 • 111

08. 자기만의 보루를 지켜내는 힘 _ 몽테뉴 • 125

09. 비관주의자가 들려주는 인생 비결 _ 쇼펜하우어 • 141

10. 인간이면 인간다움을 잃지 말아야 _ 공자 • 157

11. 사랑은 훈련이 필요한 기술이다 _ 에리히 프롬 • 175

12. 지나치게 열심히 살지 않기 _ 홍자성 • 191

13. 노년의 밑그림을 그려 두다 _ 에피쿠로스 • 203

참고문헌 • 216

01

영혼의 친구가 된 철학자
- 마르쿠스 아우렐리우스 -

"파도가 자기에게 끊임없이 밀려와서 부서지지만,
그 자신은 견고히 서서 주변의 용솟음치는 바닷물을
고요하게 만드는 해안의 넓은 바위처럼 되라."

오래 간직해 온 철학책 가운데 포스트잇이 가장 많이 붙어 있고 그냥 보기에도 너덜너덜하기 그지없는 책이 마르쿠스 아우렐리우스(121~180)의 『명상록』이다. 밑줄도 많은 데다 언젠가 너무 낡아서 보기가 힘들어지면 어떡하나 해서 새 책 한 권을 미리 사 놓았을 정도의 애착 도서이기도 하다. 반복해서 보다 보면 책을 통해 감정전이도 되는 건지 마르쿠스는 고대 로마의 황제이고, 나는 21세기의 평범한 여인인데도 시대와 계층을 뛰어넘는 이심전심마저 느낀다. 이스탄불 고고학 박물관에 있다는 그의 흉상 또한 구글 이미지를 통해 내가 만난 철학자 가운데 가장 친근하다.

"파도가 자기에게 끊임없이 밀려와서 부서지지만, 그 자신은 견고히 서서 주변의 용솟음치는 바닷물을 고요하게 만드는 해안의 넓은 바위처럼 되라"라는, 평소 아주 좋아하는 마르쿠스의 이 말에는 그의 철학이 응축되어 있다는 생각을 한다. 『명상록』을 베갯머리에 두고 심신이 고단하고 나약해질 때마다 펼치곤 한다. 마르쿠스는 언제나 믿음직한 친구처럼 따스한 위로보다는 힘 있는 조언을 건넨다.

마르쿠스 아우렐리우스는 로마제국의 제16대 황제였다. 최고의 권력을 지닌 로마의 황제라니 하고 싶은 거 다 하고 살았을 것 같지만, 마르쿠스가 로마를 다스릴 무렵에는 제국이 쇠퇴하고 있었고 지금으로서는 상상이 안 되는 온갖 자연재해와 전염병, 이민족들과의 전쟁이 끊이질 않았다. 사색을 즐기고 학문을 사랑하는 고결한 성향의 그였지만 직접 갑옷을 입고 전쟁을 지휘할 수밖에 없었으며 지역의 반란 진압까지, 바람 잘 날 없는 나날을 보내야만 했다.

『명상록』은 마르쿠스가 이렇듯 과중한 일들을 헤쳐 나가면서 제국의 북부 전선에 원정 중이던 10여 년 동안 쓴 철학 일기다. 출간을 목적으로 쓴 글이 아니라 "매 순간마다 로마인답게, 그리고 남자답게, 꾸밈없는 당당함과 동포애와 독립심과 정의감을 가지고서 자신에게 맡겨진 소임을 정확하고 꼼꼼하게 사심 없이 완수하고, 다른 잡념들은 모두 다 버려라"라고 자신에게 다짐하며 그가 가진 철학적 신념을 설파한 글이다.

뼈대 있는 혈통과 부유한 가문에서 태어난 마르쿠스

는 황제가 되기 전 12세 때부터 철학을 체계적으로 공부한 철학자였다. 플라톤이 국가를 이끄는 이상적인 통치자로 말한 철인 왕인 셈이다. 마르쿠스는 에픽테토스의 영향을 가장 많이 받은 '스토아학파'로, "언제까지나 철학이 만들어 내고자 하는 그런 이상적인 사람으로 남기 위해 애쓰라"라고 자신에게 당부한다. 이루 말할 수 없이 긴박한 전쟁터 막사에서 밤이면 펜을 들고 고요히 자신을 마주하는 그를 상상해 본다. 끝까지 좌절하거나 쓰러지지 않은 전사이자, 정치가이자 철학자의 늠름한 모습이다.

* * *

명상록은 특별하게도 마르쿠스가 자신의 삶에 좋은 영향을 끼쳤던 사람들을 차근차근 언급하면서 그들에게 무엇을 배웠는지를 세심하게 기록하고 감사를 표하며 시작한다. 사람에 대한 일종의 감사일기처럼 읽히는데 그 대상에 할아버지, 아버지, 어머니, 심지어 증조부모, 개인교사, 철학자들, 형제, 양아버지까지 등장한다. 이 사람들이 다 그에게 선한 영향력을 끼쳤다니 놀라지 않을 수 없다.

내가 한 나라를 다스리는 지위에 있는 양아버지를 만난 것도 신들의 은총이었다. 그는 내게서 온갖 허영심이나 교만함을 없애 주었고, 궁정에 살면서도 호위나 화려한 옷이나 횃불 들어주는 자나 조각상 같은 허례허식이 필요하지 않고, 평민과 거의 비슷한 생활을 하면서도 얼마든지 한 나라의 군주로서 전혀 위엄의 손상 없이 국사를 돌볼 수 있다는 것을 깨닫게 해 주었다. (『명상록』 39쪽)

마르쿠스의 아버지는 그가 어릴 적에 죽었고 양아버지 안토니우스 피우스는 로마제국의 제15대 황제였다. 양아버지 역시 로마제국의 황금기를 구가했던 현명한 황제였는데 온유하면서도 신중하였고 상벌에는 엄격했던 그에 대한 마르쿠스의 깊은 존경심이 느껴진다. 그는 "너의 마음을 기쁘고 즐겁게 하고자 한다면, 네가 함께 어울리는 사람들의 좋은 점들을 떠올려 보라"라고 한다. 그리고 자신이 좋은 조상과 부모, 친지와 친구들을 얻은 것에 대해 신에게 감사했다.

명상록을 온전히 읽기 위해 넘어야 할 산이 있다면, "우주의 본성은 무엇이고, 내 자신의 본성은 무엇이며, 나의 본성은 우주의 본성과 어떤 관계가 있고 어떤 우주의 어떤 부분인지를 늘 마음에 새기고 있어야 한다"와 같은 스토아 철학적 세계관이다. 인간도 거대한 우주의 일부이며, 개미, 꿀벌 같은 미물도 각자의 소임을 다하면서 우주의 질서에 기여하고 있다는 것이 스토아 철학의 견해이다.

마르쿠스는 보이지는 않지만 인간이 거스를 수 없는 우주의 섭리, 보편적인 이성이 분명히 존재한다고 보았고 우주의 본성에 순응하며 사는 것을 미덕으로 규정한다. 그런 점에서 스토아 철학은 다분히 운명론적이다.

신들이 하는 일들에는 섭리가 가득하다. 그리고 운명이 하는 일들은 자연과 동떨어져 있는 것이 아니라 섭리에 의해 안배된 모든 것들로 서로 섞여 짜여 있다. 모든 것은 거기에서 흘러나온다. 필연이라는 것도, 네가 속해 있는 우주가 주는 온갖 혜택도 다 거기에서 흘러나온다. 우주의 본성이 가져다주는 혜택들이 자연의 모든 부분에 자양분을 공급해서 자연 전체를 보존한다. (『명상록』 44쪽)

마르쿠스는 우리가 살아가면서 아무리 싫은 일을 만나도 기꺼이 환영하며 맞아들이라고 한다. 신은 인간이 감당할 수 있을 만큼의 시련을 준다는 말도 있듯이, 우주의 본성이 우리에게 할당해 준 것들 중에 감당할 수 없는 것은 없다고 단언한다. 실제로 황제인 자신도 즉위 직후부터 재앙에 가까운 시련을 겪으면서도 죽을 때까지 의연하게 본분을 다했다.

그는 우주적 차원에서 봤을 때 우리 인간이 얼마나 작은 부분이며, 각자에게 배정된 시간 또한 얼마나 짧은지를 자주 언급하고 환기한다. 우리에게 주어진 한정된 시간을 잘 활용해야지 기회를 놓쳐서는 안 되며 외부에서 일어나는 일들에 휘둘릴 시간에 뭐라도 유익한 것을 배우라고 조언한다. 그가 보기에 "아무런 인생의 목표도 없이 그저 자신의 온갖 충동과 생각이 시키는 대로 열심히 달려오느라고 지쳐 버리는 것"처럼 어리석은 것은 없다.

* * *

하루를 시작하기 전에 네 자신에게 이렇게 말하라. "오늘도 나는 주제넘게 이 일 저 일 간섭하고 돌아다니는 사람, 배은망덕한 사람, 제멋대로 교만하게 행하는 사람, 술수를 써서 남을 속이는 사람, 시기심이 많은 사람, 사교성

이 없고 무뚝뚝한 사람을 만나게 될 거야." 하지만 그들이 그런 짓들을 저지르는 것은 단지 선이 무엇이고 악이 무엇인지를 알지 못하기 때문이다. (『명상록』 42쪽)

 로마 시대나 지금이나 사람 사는 게 어찌 이리 똑같을 수가 있을까. 사회생활을 하면서 다양한 사람들을 만나고 갈등하고 휘둘리고 상처받고 증오하고 하는, 관계에 대한 현실적인 자각을 하게 한다. 오죽하면 실존주의 철학자 사르트르의 희곡 '닫힌 방'에는 "지옥은 바로 타인들"이라는 대사까지 나온다. 사회에 첫발을 내딛는 그 순간부터 사람과의 관계에 대한 고민은 꼭 생긴다. 그렇다면 마르쿠스의 해법은 무엇일까?

 스토아 철학은 소크라테스의 미덕과 악덕의 개념을 받아들여 선과 악을 구분한다. 선한 것은 미덕이요, 악덕은 무지에서 비롯되는 것이다. 마르쿠스는 저토록 다양한 사람들도 자신과 본성이 같은 동족이므로 서로에게 화를 내고 대립하고 등을 돌리는 것은 본성에 어긋나는 것이라고 우리를 설득한다. 그러면서 다른 사람들이 왜 저러나 하고 분노할 시간에 오히려 자신의 정신을 살피라고 주문한다. "사람들이 무슨 말을 하고 무슨 행동을 하며 무슨 생각을 하는지 신경 쓰지 않고 오로지 자신의 언행심사를 바르게 하고 의롭게 하는 데만 신경을 쓰는 사람은 마음이 평안하고 여유가 넘치게 된다"라는 것이다. 마르쿠스는 역시 성찰의 대가다. 다른 사람들에 대한 평가와 판단을 하면서 인생을 낭비하지 말라는 그의 충고는 아주 단호하다.

스토아학파는 어떠한 상황에도 동요하지 않는 '아파테이아(apatheia)' 즉 평정심의 상태를 지향한다. 명상록을 보면 마르쿠스도 마음을 다스려 고통을 차단하고 평정심을 유지하려고 평생 애쓴 흔적이 역력하다. 지혜로운 사람은 감정 조절도 잘하는 법이다.

우리의 이성과 맞지 않아 이질적이어서 우리를 혼란스럽게 하고 괴롭히는 온갖 인상을 제거하고 지워내서 즉시 완전한 평정심을 되찾는 것은 얼마나 유쾌한 일인가. (『명상록』 89쪽)

결국 인간은 불필요한 욕망과 감정을 극복하고 오로지 이성적으로 판단하고 행동할 때 진정으로 행복하고 자유롭게 된다는 것이 마르쿠스의 철학이다. 허둥대거나 놀라지도 말고 항상 평정심을 갖기를 권한다. 그는 특히 화를 내는 행위를 가장 경계했다. 혼자 화가 나서 폭발을 하더라도 사람들은 그다지 신경 쓰지 않고 세상은 돌아가는데 화를 내는 것이 습관이 되어버린 사람은 살아있는 표정까지 죽어간다고 하면서, 그것이 얼마나 인간의 순수한 본성을 거스르는 일인지를 강조한다.

"오직 네가 하는 일에서 최고의 선을 추구하는 데 집중하라"라는 자신과의 독백처럼 선한 삶을 추구했던 마르쿠스는 명상록 곳곳에다 올바른 인간상을 제시하고 있다. 우리가 예기치 않은 장애물을 만나기도 하고 갑작스런 사건 사고로 공격을 받으면서도 꿋꿋하게 버텨내며 살아가는 일 자체를 '씨름'에 비유한 그는, 날마다 씨름을 하며 살지언정 과연 이런 사람이 있을까 싶을 만큼 완벽한 인간을 지향한다.

늘 소박하고, 선하며, 순수하고, 진지하며, 가식이 없고, 정의의 친구가 되며, 신을 경외하고, 자비로우며, 사랑이 많고, 자신에게 주어진 의무를 행할 때에는 과감한 사람이 되라. (『명상록』 117쪽)

우리가 어떤 사람이 되어야 하는가에 대해 마르쿠스에게 직접 묻는다 해도 그는 명성이 높고, 부유한 사람이라고는 말하지 않을 것이다. 그의 대답은 정해져 있다. '선한 사람', '겸손한 사람', '진실을 말하는 사람', '사려 깊은 사람', '순리를 따르는 사람', '마음이 고결한 사람'이 되어야 한다고 말할 것이다.

* * *

스토아 철학의 저서들에 공통적으로 나타나는 일종의 생활원칙 중에 하나는 자연에 순응하며 사는 것이다. 그리고 인간을 포함해 존재하는 모든 것들은 흘러가는 강물처럼 변화하고 사라져 간다는 것, 인위적인 모든 것은 자연을 결코 이길 수도 능가할 수도 없다는 것이 스토아 철학의 자연학이다.

자연을 능가하는 기술은 없다. 사실 모든 기술은 자연의 이런저런 모습을 모방한 것이기 때문이다. 이것이 맞다면, 인간이 기술을 통해 만들어 낸 것들 중에서 자연의 이런저런 모습을 다 포괄하는 가장 완전한 자연을 능가하는

것도 존재할 수 없다. 모든 기술에서 열등한 것을 만들어 내는 것은 우월한 것을 위한 것인데, 이것은 자연 전체에도 그대로 적용된다. 자연 전체에서 정의가 기원하고, 정의로부터 다른 모든 미덕이 나온다. (『명상록』 215쪽)

마르쿠스는 황제였어도 사치와 안락을 누리지 않았고 죽기 전 마지막 10여 년도 전쟁터에서 평범한 군복을 입고 병사들과 지내다 전염병에 걸려 사망한다.

그는 죽음에 대해 특별히 깊은 사유와 철학을 갖고 있었다. 아주 어렸을 때 아버지가 사망했고, 자식들 대부분이 온전하게 성장하지 못하고 요절했으며, 친동생의 죽음과 가장 친한 친구의 죽음을 겪은 데다 그 역시 언제 죽을지 모르는 세월을 살아서일까. 명상록 전반에 죽음에 대한 그의 철학이 무엇보다 명징하다. 보통 사람들에게는 그 어떤 죽음도 충격과 아픔이 동반되지 않을 수 없으며 미리 대비하기도 어려운 일이다. 마르쿠스는 그럼에도 우리가 죽음에 대해 최대한 담담할 수 있도록 진지하게 그리고 자주 조언한다.

"우리는 죽음이라는 것이 자연의 한 과정 외의 다른 것이 아니라는 것을 알게 된다. 그리고 자연의 한 과정을 보고서 두려워하는 사람이 있다면, 그 사람은 어린아이일 뿐이다. 사실 죽음은 자연의 한 과정일 뿐만 아니라 자연에게 유익하고 이롭다"라고 한다.

그러므로 올리브 열매가 다 익으면 자기를 낳아준 대지를 찬양하고 자기를 길러준 나무에 감사하며 떨어지는 것처럼, 너는 이 짧은 인생을 본성에 따라 살아가다가 인생 여정을 끝낸 후에는 기쁜 마음으로 떠나는 것이 마땅하다. (『명상록』 85쪽)

내가 좋아하는 문장이다. 인간의 생명을 올리브 열매에 비유하다니, 심각하던 마음도 가벼워진다. 유물론에 입각한 스토아 철학에서는 원소들이 결합되는 것이 출생이라면 원소들이 해체되는 것을 죽음으로 본다. 죽음은 부끄러워할 일도 두려워할 일도 아니라는 것이 그들의 죽음에 대한 세계관이다.

프랑스의 역사학자 에르네스트 르낭이라는 사람은 마르쿠스 아우렐리우스를 집중해서 연구해 본 결과 그가 "가장 완벽에 가까운 인간"이라는 말을 남겼다고 한다. 제국의 지도자로서 마르쿠스의 삶과 철학에 대한 종합 평가인 듯하다. 지혜로운 사람은 인생의 고비에도 크게 영향을 받지 않고 오히려 평정심을 유지할 수 있다는 그의 철학은 "미래를 염려하지 말라"는 평소 당부와 함께 언제나 내게 든든한 버팀목이 되어 준다.

02

미덕을 실천하는 삶이
가장 즐거워

- 아리스토텔레스 -

"인간의 미덕은 인간을 좋게 이끌며
인간이 제 기능을 잘 수행하게 하는 마음가짐일 것이다."

몇 번 본 책이긴 한데도 마침 그 책을 다시 보기 딱 좋은 장소를 만나면 몰입도가 높아져서 그동안 무심히 봤던 문장들이 새삼 튀어 오르고, 한두 시간 이상 시간 가는 줄 모르는 독서를 경험할 때가 있다. 꽃과 나무가 한창 아름다운 6월의 어느 날, 그런 기쁨을 맛보려고 가벼운 가방에 휴대용 독서대와 책을 챙겨 넣고 부산 영도구의 조용한 골목길에 자리 잡은 정원 카페 '리케이온'을 찾았다.

일부러 가져온 책은 고대 그리스의 철학자 아리스토텔레스(B.C 384~B.C 322)가 아테네에 세운 철학 학교 '리케이온'에서 강의한 논설을 엮은 책 『니코마코스 윤리학』이다. 오래된 주택을 개조한 카페 리케이온에는 수백 종의 다양한 식물들을 손님들이 사계절 감상할 수 있도록 꾸며 놓았다. 조경을 전공한 주인장 부부의 철학이 카페 입구부터 건물 바깥, 책이 가득한 실내 구석구석에 흐르고 있다.

메뉴도 평소보다 신중하게 골라 본다. 다른 카페에서는 보지 못한 시그니처 메뉴 '중리바다라떼'와 '크랜베리 피낭시에'를 주문했다. 연푸른 바다 빛 라떼와 갓 구워 촉촉한

피낭시에의 달달하고 감미로운 조화에 다소 진지한 책 『니코마코스 윤리학』을 읽고 쓰는 동안 이루 말할 수 없이 기분이 상쾌하다.

수동적인 태도보다는 이성을 활용한 실천적인 활동을 중요하게 여겼던 아리스토텔레스도 "삶은 일종의 활동이고, 저마다 자기가 가장 좋아하는 능력을 이용하여 자기가 가장 좋아하는 대상들과 관련하여 활동한다"라고 격려한다.

***

인간의 미덕은 인간을 좋게 이끌며 인간이 제 기능을 잘 수행하게 하는 마음가짐일 것이다. (『니코마코스 윤리학』 72쪽)

『니코마코스 윤리학』은 볼 때마다 마치 '좋은 사람이 되기 위한 연구서' 같다는 생각이 드는 책이다. '어떤 삶이 바람직하고 좋은 삶인가?'라는 보편적인 의문과 관심사에 대해 차근차근 논리적으로 답해준다. '윤리'라는 말이 들어가면 어쩐지 꼭 지켜야만 하는 도리나 의무를 강조하는 딱딱

한 내용일 거라는 선입견을 갖게 되지만, 현실주의자였던 아리스토텔레스는 이 책에서 우리가 충분히 실천해 나갈 수 있는 삶의 원리들을 술술 풀어나가고 있다.

그리스 북부 마케도니아 왕국의 작은 도시 출신인 아리스토텔레스는 왕의 주치의였던 아버지의 영향으로 의사가 될 수도 있었지만, 17세에 당시 학문과 문화의 중심지였던 아테네로 유학해 플라톤이라는 대스승을 만난다. 그가 플라톤이 세운 학원 '아카데미아'에서 20여 년간 수학하면서 철학에 몰두하는 동안 플라톤은 그를 '아카데미의 지성'이라 부르며 크게 칭찬하기도 했고, 철학적 견해가 다를 때는 불만을 드러내기도 했다.

플라톤은 '이데아'라는 천상 세계에서 사물의 본질을 찾는 이상주의자였지만, 아리스토텔레스는 우리가 발을 딛고 사는 현실에서 그것을 찾는 현실주의자라는 점에서 두 사람의 견해가 정반대였다. 이탈리아의 화가 라파엘로가 고대 그리스의 철학자들을 그린 명작 '아테네 학당'을 보면 플라톤은 손을 하늘을 가리키고 아리스토텔레스는 지상으로 손바닥을 향하고 있는 모습이 상징적으로 그려져 있다.

아리스토텔레스는 우리가 살아가면서 추구하는 것 중에 최고 좋은 것 즉, 최고선(最高善)을 '행복'이라고 규정한다. 그의 말대로라면 우리는 행복하기 위해 하루하루를 보내며 이런저런 일들을 하고 사는 것이다. 그러나 무엇이 진정한 행복인가에 대한 생각은 사람마다 다르기 마련인데, 아리스토텔레스는 사람들이 살아가는 모습을 세 가지 유형으로 나누어 고찰한다.

첫 번째는 '향락적 삶'이다. 쾌락을 행복으로 여기는, 많은 대중들이 좋아하는 삶의 모습이다. 두 번째는 '정치가의 삶'으로 명예와 행복을 동일시 하는, 삶의 목적이 명예인 사람이다. 세 번째는 '관조적 삶'이다. 관찰하고 사색하는 이성적인 삶을 말한다. 심플하지만 이 가운데 우리는 각자 어떤 유형에 가까운 삶을 살고 있는지 대략 짐작해 볼 수는 있다. 아리스토텔레스는 책의 10권에서 "철학적 지혜를 가진 사람은 혼자서도 관조할 수 있으며 지혜로울수록 더욱 그러하다"라며 세 번째 유형의 삶에 의미를 부여하고 있다.

"무엇보다 행복이야말로 무조건 궁극적인 것"이며 행복이 인간 존재의 목적이라는 것이 아리스토텔레스의 철학이다. 나는 행복이 곧 '목적'이라는 이 고대 철학자의 주장에 완전히 동의할 수는 없지만, 살면서 평생 어떤 활동을 하느냐에 따라 삶의 성격이 결정되고, 현명한 사람은 불행할 때조차 가장 고매한 방도를 찾는다는 말에는 밑줄을 그어본다.

그리고 우리가 인간의 기능을 특정한 삶, 곧 혼의 이성적 활동 또는 일련의 행위라고 생각한다면, 그리고 훌륭한 인간의 기능은 이런 행위들을 잘 수행하는 것이고 모든 기능은 거기에 걸맞는 미덕을 가지고 수행해야 제대로 수행하는 것이라면, 인간의 좋음은 결국 미덕에 걸맞은 혼의 활동이며, 미덕이 하나가 아니라 여럿이라면 가장 훌륭하고 가장 완전한 미덕에 걸맞는 혼의 활동이다. (『니코마코스 윤리학』 39쪽)

이성을 가진 인간은 그것을 잘 실현하는 활동을 통해 행복에 이를 수 있다는 것이 아리스토텔레스의 논리이다. 그는 또 "제비 한 마리가 날아온다고 하루아침에 봄이 오지 않듯, 사람도 하루아침에 또는 단기간에 행복해지지 않는다"라며 영혼의 활동이 사는 동안 꾸준히 이루어져야 한다고 강조한다.

아리스토텔레스는 고대의 다른 철학자들과 달리 이왕이면 아름다운 외모와, 좋은 가문, 착한 자녀, 착한 친구 같은 '외적인 요건'도 행복에 꽤 기여한다고 보았다. 전해 내려오는 이야기에 따르면 그 자신은 작은 키에 작은 눈을 가진 대머리에다 성격도 우유부단했다고 하지만 그는 "행복한 사람이란 외적인 좋음도 충분히 구비하고 있으며 일정 기간이 아니라 평생토록 유덕한 활동에 전념하는 사람"이라고 정의하고 있다.

* * *

플라톤이 죽고 난 후 아리스토텔레스는 아테네를 떠나 여러 곳을 편력하는데, 이 시기에 마케도니아에서 훗날 알렉산드로스 대왕이 되는 왕의 아들에게 스승으로서 학문을 전수하기도 했다.

그는 알렉산드로스가 아시아 원정을 준비하던 해에 50세의 나이로 아테네에 다시 돌아와 '리케이온'을 차리고 제자들을 가르쳤다. 아리스토텔레스는 나무가 우거진 숲속 산책로를 거닐면서 학생들과 함께 철학을 논하곤 했는데, 이런 독특한 방식에서 유래해 '소요학파'로 불렸다. 지금까지 전해오는 저작의 대부분은 이 시기에 기록된 강의 노트들이다.

아리스토텔레스는 칭찬받을 만한 마음가짐을 '미덕'이라고 부르며 이를 다시 '도덕적 미덕'과 '지적 미덕'으로 구분한다. 그에 따르면 도덕적 미덕은 우리 안에서 본성적으로 생겨나는 것이 아니라 습관의 산물이며 실천을 해야 비로소 습득되는 것이다. "올바른 행동을 해야 올바른 사람이 되고, 절제 있는 행동을 해야 절제하는 사람이 되며, 용감한 행동을 해야 용감한 사람이 된다"고 했다.

또한 사람은 그 본성상 너무 모자라거나 지나쳐서는 안 된다고 하면서 아리스토텔레스가 내세운 것이 바로 '중용'의 덕이다. 그는 이것을 개별 미덕에 적용하여 이해하기 쉽도록 예를 들어준다. 이를테면 두려움과 자신감의 중용은 '용기'이고, 돈과 관련된 중용은 '통큼'이며, 명예와 불명예의 중용은 '자부심'이고 지나침은 일종의 '허영심'이다. 그리고 분노에 있어 지나침과 모자람의 중간에 있는 사람을 '온유한 사람'이라고 지칭했다.

그러면 진리와 관련하여 중간에 있는 자는 진실한 사람, 중용은 진실이라고 부르기로 하자. 지나치게 자기를 드러

내는 것은 허풍이고 그런 성격의 소유자는 허풍선이며, 지나치게 자기를 드러내려 하지 않는 것은 거짓 겸손이고 그런 성격의 소유자는 겸손한 척하는 사람이다. (『니코마코스 윤리학』 78~79쪽)

아리스토텔레스는 매사에 중도를 찾고 균형을 잡는 것은, 우리의 감정과 행위에서도 중간을 겨냥하기 때문에 매번 그것을 해내는 훌륭한 사람이 되기가 쉽지 않다고 말한다. "누가 얼마나 많이, 어느 정도 벗어나야 비난받는지 이성에 따라 결정하기란 어렵다"라는 말이다. 그런데 동양철학의 유교 윤리 입문서인 '중용'에도 중용을 지켜나가기란 참으로 어려운 일이라는 내용이 나온다.

온 세상이나 나라 하나 정도는 잘 다스릴 수도 있고, 작위와 관록을 사양할 수도 있으며, 서슬이 퍼런 칼날을 밟을 수는 있어도 중용은 잘할 수 없다. (『대학·중용』 9장 부분)

天下國家可均也 爵祿可辭也 白刃可蹈也 中庸不可能也 (천하국가균야 작록가사야 백인가도야 중요불가능야).

이렇게 동서양의 철학에서 공통적인 견해를 만나면 반갑기도 하고, 역시 진리란 보편적인 것이라는 생각을 하게 된다. '중용'에는 지혜로운 사람은 너무 지나치고, 어리석은 사람은 미치지 못해서 중용의 도리가 밝게 드러나지 않는다는 공자의 탄식도 드러나 있다. 모두 당대의 사람들을 대상으로 한 말이지만 현대인에게도 실천적인 의미는 크다고 여겨진다. 중용의 실천이 미숙하면 자칫 이도 저도 아닌 우유부단한 사람이나, 의사 결정 장애라도 있는 사람처럼 보이기 쉽다.

또한 중용이라고 해서 수치로 딱 자를 수 있는 중간지점도 아닌 데다 개인의 기준에 따라 다양한 양상을 띨 수밖에 없는 점도 그 실천을 어렵게 한다. 그럼에도 중용의 덕은 일상의 모든 영역에 적용될 수 있는 것이기 때문에 각자가 이성의 판단에 따라 무엇이 옳은지를 결정해야만 한다. 아리스토텔레스는 "중용을 지키는 사람은 솔직하고 말과 행동이 진실하며 자기가 가진 자질들을 인정하고 과장하지도 비하하지도 않는다"라고 말했다. 그리고 미덕을 실천하는 것은 우리 자신이기에 아리스토텔레스의 말처럼 유덕한 사람은 미덕이 생겨나는 행위를 하게 되고 자발적으로 올바른 이성이 지시하는 대로 행하게 된다.

* * *

 우리가 살아가는 데 가장 필요한 미덕은 무엇이냐고 아리스토텔레스에게 묻는다면 '우애'라고 답할 것이다. 그는 "다른 좋은 것을 다 가지고 있다 해도 친구 없는 삶을 선택할 사람은 아무도 없다"라며 친구는 선행을 베풀 대상이자, 불운을 당한 사람들의 피난처라고도 했다.

 무엇보다 내가 크게 공감한 표현은 "완전한 우애는 서로 유사한 미덕을 가진 좋은 사람들 사이의 우애"라는 말이다. 그리고 동양 사상서에 나오는 유유상종(類類相從)의 고사도 자연스레 떠오른다. 제나라 선왕이 순우공에게 명을 내려 여러 지방에서 나랏일에 등용할 인재를 모아오라고 하자 순우공이 지방을 순회한 끝에 일곱 명이나 되는 인재를 데려온다. 선왕이 놀라며 어찌 한 번에 일곱 명이나 되는 인재를 데려올 수 있었냐고 물었을 때 순우공은 "같은 류의 새가 무리 지어 살 듯, 인재 또한 다르지 않아 자기들끼리 모이는 법입니다"라고 했다는 이야기다.

 가장 진정한 의미의 우애는 여러 차례 말한 바와 같이 좋은 사람들 사이의 우애이다. 사랑할 만하고 바람직한 것

은 대개 무조건 좋거나 즐거운 것이고, 각자에게 사랑할 만하고 바람직한 것은 각자에게 좋거나 즐거운 것 같으니까. (『니코마코스 윤리학』 306쪽)

선한 사람은 좋은 친구가 되어 상대가 잘 되기를 바라며 즐거움을 나눈다. 아리스토텔레스는 이렇게 좋은 사람들의 우애는 평등하다고 하면서도 노인이나 성마른 사람은 친구를 사귀기도 쉽지 않다고 지적한다. 즐거운 면이 별로 없고 짜증나게 하는 사람은 누구도 함께 지낼 수 없다는 것이 이유이다. 우애를 나눔에 있어서도 어머니들이 자식들을 사랑하는 것처럼 사랑을 받으려 하기보다 사랑하라고 당부한다.

아리스토텔레스는 "인간은 사회적 동물"이라 서로 어울리고 관계를 맺으며 사회를 이루는 존재라고 말했다. 그리고 『니코마코스 윤리학』에서 인간 개인은 지성을 추구하며 미덕을 실천하는 것이 가장 즐겁고 가치 있는 삶이라는 결론을 내린다. 학구적인 철학자답게 행복의 목적은 놀이가 아니라고 하면서 만약에 우리가 놀이를 위해 평생 노력한다면 그것도 이상하지 않느냐고 설득한다.

각자에게 고유한 것이, 본성적으로 각자에게 가장 좋은 것이자 가장 즐거운 것이다. 따라서 인간에게는 지성에 걸맞는 삶이 최선이자 가장 즐거운 삶이다. 지성이야말로 다른 어떤 것보다도 인간적이기 때문이다. 그러니 그런 삶은 또한 가장 행복한 삶일 것이다. (『니코마코스 윤리학』 396쪽)

기원전 323년 알렉산더 대왕이 죽고 나자 마케도니아 출신인 아리스토텔레스는 아테네 법정에 불경죄라는 죄목으로 고소를 당한다. 그는 소크라테스처럼 사형 선고를 받을 가능성이 예상되자 "아테네 시민들이 철학에 두 번 죄를 짓지 않게 하기 위하여 떠난다"라는 말을 남기고 피신한다. 하지만 그로부터 1년 뒤에 위장병으로 세상을 떠났다.

'만학의 아버지'라고 불릴 만큼 대단히 박학한 철학자였던 아리스토텔레는 윤리학 이외에도 논리학, 시학, 형이상학, 수사학, 정치학 분야는 물론 생물학, 자연학, 수학, 물리학 등등 온갖 영역에서 광범위한 체계를 창조함으로써 인류에 지대한 영향을 끼쳤다.

03

경쟁 시대일수록
다정하고 유연하게
- 노자 -

"만족할 줄 알면 욕됨을 면하게 되고,
그칠 줄 알면 위험하지 않게 된다."

일상의 속도가 너무 빠르다 싶을 때, 어째 점점 여유를 잃어 간다 싶을 때 노자(B.C 571~B.C 471)를 만난다. 이럴 때일수록 수시로 정신을 바짝 차리게 만드는 커피보다는, 은은하게 우러나는 차와 함께 『도덕경』을 펼치면 마음이 더 느긋해진다. 문득 노자뿐만 아니라 공자, 맹자 등 동양 사상서는 차와 잘 어울린다는 생각이 든다. 음미하면 할수록 깊은 맛을 느낄 수 있는 점이 그렇고, 마음을 차분히 가라앉히는 점도 닮았다. 커피 대신 마시려고 준비해 둔 차 중에 오늘 내가 선택한 차는 면역력을 강화한다는 작두콩 차다. 향이 강하지 않고 끝맛이 구수하다.

그리고 차와 함께 마음의 면역력도 덩달아 길러주기 위해 16장을 펼친다.

모든 힘을 다해 마음을 청정무위의 상태로 만든다. 모든 만물이 다투어 자라나면, 나는 그로부터 돌아감의 도리를 본다. 만물은 무성하여도 각기 그 근본 되는 곳으로 다시 돌아가게 된다. 근본으로 돌아가는 것을 정(靜)이라 한

다. 이것을 본성으로 되돌아간다고 한다. (『도덕경』 16장 부분)

致虛極, 守靜篤. 萬物並作, 吾以觀復. 夫物芸芸, 各復歸其根. 歸根曰靜, 是謂復命(치허극 수정독 만물병작 오이관복 부물운운 각복귀기근 귀근왈정 시위복명).

크고 작은 세상일로 어수선해진 머릿속을 비우고 잡념 없는 평온한 상태에서 나 자신과 주변을 마주하는 시간이 가끔은 필요하다. 물론 진정한 비움이란 생각보다 쉽지 않고 마치 혼자 도를 닦는 느낌이지만 노자는 이런 무아(無我)의 상태, 고요의 상태를 갖는다는 것이 자신의 고유한 본성으로 되돌아가는 것이요, 이를 통해 다시 생명의 에너지를 회복할 수 있다는 점을 환기한다. 나는 노자가 말한 정(靜)의 순간을 휴식과 회복의 시간으로 해석하고, 동물의 겨울잠 같은 긴 시간은 아니더라도 혼자 간간이 '쉬어가기' 위한 시간을 갖는다. 나들이하기 좋은 화창한 날에는 편백 나무가 빼곡한 숲속 평상이나, 온통 산으로 둘러싸인 카페에서 '숲 멍'하며 노자를 읽어도 좋겠다.

『도덕경』은 기원전 4세기경에 지어진 중국의 도가 철학서다. 처음에는 '노자'로 칭해졌었고 '도덕경'은 훗날 붙여진 이름이다. 총 81장, 한문으로 약 5천 자 정도, 빼곡하게 필사해 보아도 A4 용지 2장 반이면 충분한 이 책은 마음먹기에 따라 하룻밤에도 다 읽을 수가 있지만, 숱한 연구자나 마니아들이 평생을 곱씹으며 읽어도 모자라다고 평가할 만큼 묘한 매력을 지닌 책이다.

도가 철학의 창시자인 노자의 행적을 알 수 있는 자료는 매우 부족한 편이지만 사색을 즐겨 했다는 그는 유가의 인위적인 도덕이나 명분주의와 상반되는 철학으로, 인간으로 하여금 '무위자연(無爲自然)'에 처할 것을 주창한 현자다. 흔히 무위자연이라 하면 아무것도 하지 않고 무작정 자연으로 도피하라는 의미로 생각하기 쉽지만, 노자는 『도덕경』에서 '억지로 무엇을 하려 하지 않고 자연스럽게 살아가는 방식'을 제안하고 있다. 그가 보기에 인간사에는 제약도 많고 부자연스러운 것이 너무 많았던 것이다.

성인(聖人)은 무위(無爲)로써 일을 처리하고, 불언(不言)의 가르침을 행한다. 자연에 맡겨 자라도록 하되 간섭하지 않고, 만물을 기르되 점유하지 않는다. 남을 돕고도

그것을 이용하지 않고, 공을 이루고도 그 지위에 오르지 않는다. 공을 세우고도 자랑하지 않으니 공을 잃지 않는다. (『도덕경』2장 부분)

是以聖人處無爲之事, 行不言之敎. 萬物作焉而不辭, 生而不有, 爲而不恃, 功成而弗居(시이성인처무위지사 행불언지교 만물작언이불사 생이불유 위이불시 공성이불거).

夫唯弗居, 是以不去(부유불거 시이불거).

* * *

노자는 책이 가득한 곳에서 일했다. 주나라의 국가도서관 격인 수장실 관리로 지내면서 문서기록 등을 담당했었기 때문이다. 그는 인륜, 천문, 지리 등 각 분야에 걸쳐 깊고 풍부한 학식을 쌓았지만 스스로 은둔하고 자신의 이름을 드러내지 않는 '자은무명(自隱無名)'의 삶을 살았다. 이러한 노자의 철학을 충분히 짐작해 볼 수 있는 일화가 있다.

공자가 젊은 시절에 노자를 찾아가 '예'에 관해 물은 적이 있었는데, 이때 노자는 "'장사를 잘하는 자는 물건을 감춰두고서 겉으로 보면 마치 아무런 물건도 가지지 않은 것과 같다. 군자는 고상한 품덕을 지니고 있지만 그 용모와 겸양함은 마치 우둔한 사람과 같다.' 당신의 교만함과 욕심 그리고 일부러 꾸민 태도와 실제에 부합하지 않은 지나친 꿈을 버리라. 그것들은 당신에게 하등 좋은 점이 없다. 내가 당신에게 말하고 싶은 것은 이뿐이다"라고 따끔하게 충고를 한 것이다. 이 일이 있은 후 공자는 노여워하기는커녕 노자를 범접하기 어려운 '용과 같은 사람'이라고 높이 평가했다.

노자는 주나라가 갈수록 쇠퇴하자 그곳을 떠나게 되는데, 마침 관문인 함곡관에 이르렀을 때, 국경을 수비하던 그곳 관리로부터 몇 자 글을 남겨달라는 간곡한 요청을 받고 즉시 대나무 껍질인 죽간에 써 준 글이 바로 도덕경이다. 그리고 그렇게 떠난 노자의 이후 행적은 알 길이 없다.

간결한 운문체인 도덕경은 잠언처럼 읽기 좋지만, 짧은 문장들이 함축하고 있는 의미는 깊고 오묘해서 해석이 다양한 부분도 많다. 나 역시 몇 년에 걸쳐 여러 번역본을 읽었지만 여전히 어려운 부분이 있고 시간이 흐른 뒤에야 겨우 이해한 문장들도 많다. 그럼에도 도덕경의 원문 자체에 담긴 사상과 철학은 그 고유함이 그대로 보존되어 오늘날까지 전해져 왔으니 정말 다행스러운 일이 아닐 수 없다.

그런데 도덕경을 처음 읽는 사람은 1장의 첫 문장을 읽을 때 약간의 난관에 부딪히게 된다. 노자 사상의 핵심이 응축되어 있는 '도(道)'에 대해 말해주는 장인데 이 형이상학적인 말이 노자를 이해하는 키워드인데도 단번에 와닿지는 않기 때문이다. 해석 또한 큰 틀에서는 같을지라도 번역서마다 미세한 차이가 있어 더욱 난감하다. 그러나 '시작이 반'이라는 말이 여기에도 딱 적용된다. 도의 의미만 잘 이해해도 도덕경이 담고 있는 사유의 절반을 체득한 셈이 되기 때문이다. 또한 반복해서 읽다 보면 저절로 가늠이 되고 짐작이 가는 용어이기도 하다.

'도(道)'는 말해질 수 있지만, 그것은 세상에서 흔히 말하는 '도'가 아니다. '명(名)'은 말해질 수 있지만, 그것은 세상에서 흔히 말하는 '명'이 아니다. 무명(無名)은 천지의 시작이고, 유명(有名)은 만물의 어머니다. (『도덕경』 1장 부분)

道可道, 非常道, 名可名, 非常名. 無名, 天地之始, 有名, 萬物之母(도가도 비상도 명가명 비상명 무명 천지지시 유명 만물지모).

   도는 사람들이 '무엇이다'라고 선명하게 규정하기가 어렵고 말이나 글로 쉽게 표현하기도 간단하지 않다. 노자가 천지만물의 근원으로 본 도는 단순한 길, 또는 공자의 유가에서 말하는 인간의 도리라는 의미와는 다르다. 노자 연구자들도 도에 대해 '궁극의 존재' 혹은 '모든 것의 근원', '세계의 궁극적 근원' 등등 다양하게 풀이하고 있는데, 이들을 종합해 보면 노자의 도는 눈에 보이지는 않지만 거스를 수 없는 우주의 법칙이나 원리로 이해할 수 있다. 내가 좋아하는 해석은 '우주 만물의 존재 근거와 운행원리'이다. 그것은 빛깔도 형체도 없지만 지금 이 순간에도 세상 어디에나 작동하고 있는 것이다.
  25장에서는 "사람은 땅을 본받고, 땅은 하늘을 본받고, 하늘은 도를 본받고, 도는 자연을 본받는다"라고 한다. 이 장을 통해 노자가 생각한 사람과 도와 자연의 관계를 짐작할 수 있다. 도는 결국 자연을 따르는 것이다. 그러니 공자의 유가에서 인의(仁義)를 내세우고 예악(禮樂)을 중시하는 것도 노자가 보기에는 다 인위적인 것이고 사람에게 유익하지 못한 것이다. 그는 정치에 있어서도 이 같은 견해를 보인다.

또한 법령이 많을수록 도둑이 많아진다. 그러므로 성인은 이렇게 말하였다. "내가 무위를 행하면 백성들은 스스로 순화되고 내가 고요하면 백성은 스스로 바르게 된다. 내가 백성을 괴롭히지 않으면 백성들은 자연히 풍요로워지고, 내가 욕심을 내지 않으면 백성들은 자연히 순박해진다." (『도덕경』 57장 부분)

法令滋彰, 盜賊多有(법령자창 도적다유).

故聖人云, 我無爲而民自化, 我好靜而民自正, 我無事而民自富, 我無欲而民自朴(고성인운 아무위이민자화 아호정이민자정 아무사이민자부 아무욕아민자박).

노자는 나무랄 데 없는 '성인'이 백성들의 마음을 헤아리고, 백성들을 이런저런 금기로 괴롭히지 않으며 도에 의해 무위로 나라를 다스려야 한다고 생각했다. 노자의 이런 정치사상은 법령이 갈수록 촘촘해지는 오늘날의 기준으로 보면 터무니없이 이상적이라고 생각할 수도 있다. 그러나 위선적이지 않은 지도자가 사심 없이 시민을 위한 정치를 하고 시민은 지도자를 신뢰하는 풍조가 말로는 쉬울 것 같지만 현실적으로는 가장 어려운, 어쩌면 한 차원 더 높은 경지의 정치가 아닐까 싶은 생각도 든다. '작은 나라의 적은 백성'(小國寡民 소국과민)을 이상으로 제시할 정도로 작지만 소박하고 평화로운 세상을 꿈꾼 노자가 오늘날의 정치 현실을 본다면 과연 뭐라고 할지 궁금해진다.

유명한 문장 '최고의 선은 물과 같다'(上善若水 상선약수)라는 말처럼 노자는 도를 물에 비유하기를 좋아했다. 물이 지닌 속성이 가장 도에 가깝다고 여겼고, 도덕적으로 완벽한 사람도 역시 물의 속성으로 이해하고 있다.

최고(最高)의 선(善), 가장 높은 덕성(德性)은 마치 물과 같다. 물은 만물을 이롭게 할 뿐 다투지 않는다. 사람이 싫어하는 낮은 곳에 처한다. 그러므로 도에 가깝다. (『도덕경』8장 부분)

上善若水. 水善利萬物而不爭. 處衆人之所惡, 故幾於道 (상선약수 수선이만물이부쟁 처중인지소오 고기어도).

『다정한 것이 살아남는다』라는 책을 보면 다윈의 이론을 재검토하고 우리가 사는 세상에 대한 기존의 생각들을 수정한다. 세계를 치열한 경쟁과 함께 적자생존이 벌어지는 곳, 각자도생해야 하는 전쟁터 같은 곳이라는 인식에 반대한다. 진화인류학자인 두 명의 저자는 자연이 친화력과 협력이 넘치는 세계라는 것을 수많은 사례를 들어 이야기하며 인간이 번영할 수 있었던 것도 다툼보다 친화력과 유대 속에서 살아왔기 때문이라고 주장한다. "우리에게는 연민과 공감 능력이 있으며, 집단 내 타인에게 친절을 베푸는 능력은 진화를 통해서 획득한 우리 종 고유의 특성"이라고 말하고 있다. 인간은 잘나서가 아니라 다정한 면모 덕에 살아남은 것이다.

노자가 말하는 물의 미덕도 경쟁과는 거리가 멀다. 누구와도 겨루는 일 없이 조용히 흘러간다. 만물을 이롭게 하지만 그 차제에 대한 의식도 없이 존재한다. 모두가 더 높은 곳을 향해 나아갈 때도 다투지 않고 낮은 곳으로 흐른다. 이러한 물의 미덕은 경쟁에 지친 현대인들에게도 참

고가 되고 위안도 된다. 물을 사람에 비유한다면 유익을 베풀고도 자신을 내세우지 않은 성인일 것이다.

* * *

자극적이고 감각적인 쾌락에 익숙해진 사람들은 갈수록 더 화려하고 더 요란한 것을 찾게 되기 마련인데 노자는 기원전에 벌써 이를 경계했다. "다섯 가지 색깔은 사람의 눈을 멀게 한다. 다섯 가지 소리는 사람의 귀를 들리지 않게 한다. 다섯 가지 맛은 사람의 입맛을 상하게 한다"고 한다. 노자의 오색(五色), 오음(五音), 오미(五味) 등은 다채롭고 풍성하여 우리의 눈과 귀와 입맛을 즐겁게 해 주는 것들을 상징한다. 맛있는 음식은 입을 상하게 한다는 '오미구상(五味口爽)'에 담긴 노자의 경고는 현대인들도 생각해 볼 만한 철학적 메시지라는 생각을 한다. 오만가지 자극의 홍수 속에 감각적 욕망만을 충족시켜 가다 보면 결국 몸과 마음의 균형을 잃게 될 수밖에 없다. 노자는 때 묻지 않은 인간의 순수한 본성을 아주 중요하게 여겼는데, 이는 절제된 삶을 통해 지켜나갈 수 있다는 것을 우리에게 말하고 있다.

명예와 신체 중 무엇이 더 중요한가? 신체와 재물 중 무엇이 더 중요한가? 또 얻음과 잃음 중 어느 것이 더 나쁜가? 재물을 지나치게 아끼면 반드시 크게 소비하게 되고, 많이 쌓아두면 반드시 크게 망한다. 만족할 줄 알면 욕됨을 면하게 되고, 그칠 줄 알면 위험하지 않게 된다. (『도덕경』 44장 부분)

  名與身孰親? 身與貨孰多? 得與亡孰病? 是故甚愛必大費, 多藏必厚亡(명여신숙친 신여화숙다 득여망숙병 시고 심애필대비 다장필후망).

  知足不辱, 知止不殆. 可以長久(지족불욕 지지불태 가이 장구).

 모자라면 채워지고, 차면 넘친다는 하늘의 도는 노자를 만나 터득한 진리이다. 지나치게 아끼면 크게 낭비할 일이 생겨버리고 재물을 더 쌓아두려 하면 크게 잃게 된다는 것이다. 명예가, 재물이 내 몸보다 소중할 수는 없으니, 적당할 때 만족하고 그칠 줄 알아야 오래 평온하게 살 수 있다는 것이 노자의 지혜이다.

『도덕경』은 시간이 어느 정도 지나고 나서 다시 볼 때 그 의미에 더 공감하고 재미를 느낀 부분도 많다. 수레바퀴의 쓰임은 서른 개 바퀴살의 빈 공간 때문이며, 진흙을 빚어서 만든 그릇도 그 모양보다는 비어있는 곳에 쓰임새가 있다는 것이라든지, 굽은 나무가 오히려 제 수명을 다한다는 것, 편안할 때 위태로운 것을 생각하고 미리 조심하면 좋다는 것 등이다.

또한 무위이무불위(無爲而無不爲), 곡신불사(谷神不死) 같은 개념은 그 의미가 너무 심오해서 사유의 깊이를 더한다. 볼 때마다 쉽지만은 않고 새롭기도 하니 평생을 두고두고 본다는 사람들의 마음에 동감할 수밖에 없다.

"돋움발로 서 있는 자는 오래 서 있을 수 없고, 황새걸음으로 걷는 자는 오래 걸을 수 없다", "뛰어난 장수는 무용을 자랑하지 않는다"라며 모든 거짓됨과 인위적인 것에 반대하고, 겸양한 태도로 유연하게 살아가는 것이 노자가 말하는 좋은 삶이다. 세상이 팍팍할수록 윤활유 같은 지혜가 필요한 법. 도덕경을 남기고 속세에서 자취를 감춘 노자의 조언이 요즘 들어 더 간곡하게 다가온다.

04

지혜의 사랑이라는 초심
- 소크라테스 -

"내가 돌아다니며 하는 일이라곤 노소를 막론하고
여러분의 몸과 재산이 아니라, 여러분의 혼의 최선의 상태에
관심을 쏟는 것을 최우선으로 생각하도록
여러분을 설득하는 것이 전부이니까요."

고대로부터 현대에 이르기까지 내로라하는 철학자들이 많지만 '철학' 하면 바로 떠오르는 이름이자, 왠지 우리가 잘 알고 있다고 철석같이 믿게 되는 철학자를 꼽으라면 바로 '소크라테스'(B.C 470~B.C 399)가 아닐까? 하지만 막상 그가 어떤 철학자였고, 어떤 사상을 전파했는지에 대해 생각해 보면 갑자기 막연해지는 경험을 하게 된다.

지혜를 사랑했던 철학자 소크라테스는 '철학의 아버지'라는 호칭만으로는 부족할 정도로 선구적이었지만, 학파를 설립하거나 책을 남기지는 않았기 때문에 그에 대한 정보 대부분은 제자 플라톤이 남긴 책 대화편과 크세노폰, 아리스토파네스 등의 작품을 통해 알 수 있다. 그중에서도 플라톤의 『소크라테스의 변론』과 크세노폰이 쓴 『소크라테스 회상록』에는 소크라테스의 철학이 집약되어 있고, 그가 철학 하는 방식도 잘 드러나 있다. 이 두 책은 기록보다 각색에 가까움에도 소크라테스에 대한 일종의 증언집처럼 그의 평소 성격이나 견해, 중심 사상 등을 발견하기에 충분하다.

* * *

소크라테스는 인류 최초로 거리에서 만나는 사람들과 대화를 나누며 인간사를 탐구했던 서양철학의 창시자다. 프랑스 루브르 박물관에 소장된 그의 흉상으로 보나 전해지는 이야기로 보나 추남형 얼굴에 매일같이 누추한 옷을 걸치고 신발도 신지 않고 걸어 다녔다는 그는 조금 기이한 철학자이기도 했다. 특별히 하는 일이 없었고 주로 사람들이 많이 모이는 광장이나 시장 같은 곳으로 어스렁어슬렁 가서는, 자신을 찾아오는 사람이나 지나가는 사람을 붙들고 집요하게 묻고 답하는 방식으로 철학을 했으니까. 그의 제자 크세노폰은 이렇게 회상했다.

소크라테스는 언제나 공공장소에서 소일했다. 이른 아침에는 산책로를 거닐고 체력단련장을 찾았으며, 오전에는 사람들로 붐비는 시장에 모습을 드러냈으며, 하루의 나머지 시간은 가장 많은 사람과 만날 성싶은 곳에서 보냈다. 그는 대개 담론으로 시간을 보냈고, 원하는 사람은 누구나 그의 말을 들었다. (『소크라테스 회상록』 17쪽)

당시 소크라테스가 사람들과 철학적 토론을 벌이는 모습은 아테네에서 꽤 익숙한 광경이었다고 하니 어느 정도 상상이 되기도 한다. 특별한 점은 그가 상당히 건강한 신체를 타고났음에도 따로 체력단련을 했다는 것인데, 제자들에게도 평생 체질 공부를 할 것과 좋은 먹거리와 운동 등으로 "몸의 아름다움과 힘을 최고도로 계발"할 것을 강조했다. 대주가이기도 했던 소크라테스는 밤새 술을 마시고도 멀쩡한 정신으로 토론하고 때가 되면 유유히 사라졌다고 한다.

소크라테스가 철학 하는 방식이었던 '대화'도 우리가 생각하는 것처럼 일반적인 것이 아니었다. 그의 대화는 상대에게 질문을 던져 그가 지닌 생각과 사상을 알아내고 그 안에서 모순을 찾아낸 다음 새로운 합의에 이를 때까지 끈덕지게 이루어졌기 때문이다. 후에 문답법, 변증법, 혹은 산파술 등으로 불려진 이 새로운 방식은 질문자인 소크라테스가 상대의 무지를 깨닫게 하는 중요한 수단이기도 했다. 자기가 어떤 것을 모르고 있다는 것을 스스로 깨닫는 지혜, 무지를 자각해야 진정한 앎에 도달할 수 있다는 것이 소크라테스의 사상 가운데 하나인 '무지의 지'이다.

어쨌거나 그는 이런 방식으로 많은 사람을 깨우치기도

하고 어떤 사람들은 짜증 나게도 하고 열받게도 했지만, 당시 아테네에서는 '현자'라 불리며 너무도 유명한 사람이 되었다. 그리고 그는 30대 후반에서 40세까지 군인으로 전투에 세 차례 참여한 것 외에는, 거의 일생을 인간이 겪는 여러 가지 문제에 관한 철학적 대화를 나누면서 보냈다.

그가 왜 그렇게 살아왔는가에 대해서는 『소크라테스의 변론』을 보면 법정에서 직접 밝히는 부분이 나온다. 소크라테스에 따르면, 어느 날 그의 친구 카이레폰이 델포이 신전으로 가서 아테네에서 소크라테스보다 더 지혜로운 사람이 있는지를 물었는데 마침 예언녀가 '아무도 없다'는 신탁을 전했다. 이 말을 듣고 놀란 소크라테스는 그럴 리가 없다는 생각으로 정치가, 시인, 장인 등 당시 똑똑하고 잘나간다는 사람들을 연이어 만나면서 특유의 대화법으로 그들의 지혜를 시험했다.

하지만 정치가는 높은 명망을, 시인은 소질과 영감을, 장인은 탁월한 기술을 가졌다는 이유로 자기들이 가장 지혜롭다고 주장할 뿐 자신들의 무지함을 모르고 있었고, 적어도 자신의 무지를 알고 있었던 소크라테스 자신이 아테네에서 가장 지혜로운 사람이라는 것을 확인하게 된 것이다. 소크라테스는 델포이 신전 입구에 새겨진 "너 자신을 알라"라는 문구를 늘 중요하게 여기면서, 무지를 깨닫고 모든 선입견을 없애고 나서야 세상의 지혜를 얻을 수 있다고 믿고 실천했다.

아버지는 석공, 어머니는 산파였던 아테네 서민 가정 출신인 소크라테스는 민중들에게 늘 우호적이었다. "자신이 진실로 훌륭한 사람임을 제자들에게 보여주며 미덕과 그 밖의 모든 인간사에 관해 더없이 훌륭하게 대화"했다고 하는데, 소탈했지만 매력남이었는지 플라톤을 비롯한 귀족 자제부터 열성적으로 따르는 제자들이 많았다. 하지만 수업료를 받지 않았고 오히려 자기가 가진 것을 나누어 주며 검소하게 살았다. 그러다 보니 가난할 수밖에 없었고 아내 크산티페의 구박을 많이 받았다고 한다. 그래서일까. 결혼에 대한 어느 제자의 질문에 "결혼을 하는 편이 좋은가, 아니면 하지 않는 편이 좋은가를 묻는다면 나는 어느 편이나 후회할 것이라고 대답하겠다"라는 유명한 말을 남기기도 했다.

소크라테스는 꽤 유머러스한 사람이기도 했다. 잘생긴 제자 크리토불로스가 자신과 소크라테스의 코 중에 누구의 코가 더 아름답냐는 짓궂은 질문을 하자, 납작한 데다 들창코인 소크라테스는 조금도 당황하거나 기분 나빠 하지 않고 이렇게 대답한다.

나는 내 코라고 생각하네. 냄새 맡으라고 신들이 우리에게 코를 만들어 주셨다면 말일세. 자네 콧구멍은 대지를 향하고 있지만 내 콧구멍은 사방의 냄새를 맡을 수 있도록 활짝 열려 있으니 말일세. (『소크라테스 회상록』 299쪽)

이전 철학자들이 자연의 세계에 관심을 갖고 물, 공기, 불 등 우주를 이루는 기본 질료 등에 대한 탐구에 열을 올리고 있을 때, 소크라테스는 '인간' 자체에 대해 관심과 주의를 기울였다. 인간 중심의 철학으로의 변화가 소크라테스 철학의 큰 특징이자 의미이다. 그에게는 인간이라는 존재에 대한 이해, 도덕적 삶에 관한 고찰이 일관된 철학적 과제였던 것이다. 크세노폰에 따르면 소크라테스는 "언제나 인간사에 관해 담론하며, 경건이란 무엇이며 불경이란 무엇인가, 아름다움이란 무엇이며 추함이란 무엇인가, 정의란 무엇이며 불의란 무엇인가, 절제란 무엇이고 광기란 무엇인가, 용기란 무엇이며 비겁이란 무엇인가, 국가는 무엇이고 정치가란 무엇인가, 정부는 무엇이며 통치자란 무엇인가"와 같은 인간의 삶과 직결되는 주제에 대해 가차 없이 묻고 답했다. 그것도 광기에 가까울 정도의 열정으로. 그렇기에 기원전 소크라테스의 이런 질문들은 지금 우리에게도 충분히 유효한 인생 질문이 아닐 수 없다.

소크라테스 특유의 대화법을 간접적으로 경험할 수 있는 사례들은 아주 많다.

어느 날 소피스트인 에우튀데모스가 말했다. "소크라테스 선생님, 몸의 쾌락에 저항하지 못하는 자는 어떤 형태의 미덕에도 관여할 수 없다는 말씀인 것 같군요." 소크라테스가 말했다. "그렇다네, 에우튀데모스. 무절제한 인간은 가장 무식한 짐승과 무엇이 다르겠는가? 무엇이 가장 훌륭한 것인지 고찰하지 않고 가장 즐거운 것을 수단 방법을 가리지 않고 추구하는 인간이 가장 지각없는 동물보다 어떻게 더 낫겠는가? 오직 자제력이 있는 사람만이 무엇이 가장 훌륭한 행위인지 고찰하며, 그것을 말과 행동으로 종류별로 분류함으로써 좋은 것은 취하고 나쁜 것은 피한다네." (『소크라테스 회상록』 234쪽)

소크라테스는 자제력과 인내력을 중요하게 여겼고 실천하며 살았다. 식욕, 성욕뿐만 아니라 하다못해 졸음, 추위, 더위, 노고에 관한 것도 마찬가지였다. 그리고 "아름답고 좋은 것을 알고 실천하는 사람과 추한 것을 알고 피하는 사람은 지혜롭고도 절제 있다"라는 말을 남겼다.

* * *

아테네 사람들을 대화로 자극하고 일깨워 온 소크라테스는 그에 못지않게 많은 적들을 낳았다. 펠로폰네소스 전쟁 이후 혼란한 정치 상황도 그에게 불리했다. 그리고 급기야 아테네의 지도층인 멜레토스, 아니토스, 리콘 등에 의해 국가에서 정한 신을 믿지 않고, 젊은 세대들을 타락시켰다는 억지스러운 죄목으로 기소당하는 바람에 70세의 나이에 법정에 서게 된다. 당시 아테네의 부패한 세력가들에게는 정의와 도덕을 이야기하여 시민들을 설득하고 다니는 소크라테스가 매우 거슬렸던 것이다.

500여 명의 시민 배심원단이 참여한 재판장에서 벌어진 이때의 일은, 그것을 현장에서 지켜본 플라톤의 『소크라테스의 변론』에 담겼다. 분량이 길지는 않지만 소크라테스가 고소인들을 상대로 제기하는 반론과 사형 판결 이후 펼치는 연설은 질문의 대가, 대화 철학의 창시자답게 당당하고 논리 정연하다. 조목조목 치밀한 언변 속에서 그의 평소 철학이 그대로 쏟아져 나온다.

이때의 법정에서 소크라테스를 변호할 수 있는 사람은 오직 그 자신이었다. 그는 자신이 젊은이들을 타락시킨 것이 아니라 오히려 훌륭한 사고를 하게 만들었다는 점은 물론, 신에 대한 불경죄의 경우도 반박이 불가할 정도로 변론해 낸다. 그러면서 "내가 유죄 판결을 받는다면 그것은 멜레토스 때문도 아뉘토스 때문도 아니고, 많은 사람들의 선입관과 시샘 때문이겠지요. 그동안 그것들이 죄 없는 많은 사람에게 유죄 판결을 내리게 했고, 앞으로도 그러할 것입니다. 그런 일은 나에게서 끝나지는 않을 것입니다"라는 지적도 서슴지 않았다.

평소에 가졌던, '죽음보다 치욕이 더 부끄러운 것'이라는 그의 신념은 죽음이 두려워서 자리를 뜨지는 않겠다는 것을 분명히 하며, 숨을 쉬고 사는 동안 철학을 하는 일, 그러니까 만나는 사람들과 좋은 삶에 관한 대화를 멈추지 않겠다는 것도 재차 강조한다. 거기다가 의식주와 육체의 편안함 등에 대해서는 놀라울 정도로 연연하지 않았던 소크라테스는 "부와 명성은 되도록 많이 얻으려고 안달하면서도 지혜와 진리와 당신의 혼의 최선의 상태에 대해서는 관심도 없고 생각조차 하지 않다니 부끄럽지 않소?"라며 청중에게 반문하기까지 한다.

"내가 돌아다니며 하는 일이라곤 노소를 막론하고 여러분의 몸과 재산이 아니라, 여러분의 혼의 최선의 상태에 관심을 쏟는 것을 최우선으로 생각하도록 여러분을 설득하는 것이 전부이니까요." 그러면서 나는 "재산에서는 미덕이 생기지 않지만 미덕에서는 재산과 그 밖의 사적인 것이든 공적인 것이든 사람에게 좋은 모든 것이 생겨납니다"라고 말합니다. (『소크라테스의 변론』 50쪽)

평소에도 '영혼'이라는 단어를 좋아하는 나로서는 '혼의 최선의 상태'라는 말에 특히나 더 감명받는다. 이때는 도덕적인 의미를 담고 있는 말인 듯하지만, 오늘날처럼 무엇이든 해결해 줄 것 같은 인공지능과 알고리즘의 시대를 살아가면서도 오히려 영혼의 불안함을 겪는 세태를 소크라테스가 안다면 해 주고 싶은 말이 많을 것 같다.

소크라테스는 법정에서 "덩치가 크고 혈통이 좋지만 굼

뜬 편이라서 등에의 자극이 필요한 말에게 등에가 배정되듯" 아테네인들을 일깨우는 존재로 신이 자신을 배정한 것 같다고도 말한다. 집안일이나 개인사는 돌보지 않고 사람들을 만나면서 미덕에 관심을 기울이도록 조언하는 일을 평생 해온 그는 "불의하고 불경한 짓을 하지 않는 것이 내 모든 관심사"라고 말하기도 했다.

내가 미덕과 그 밖의 대화를 통해 나 자신과 다른 사람에게 캐묻곤 하던, 여러분이 들었던 그런 주제들에 관해 날마다 대화하는 것이야말로 인간에게 최고선이며, 캐묻지 않는 삶은 인간에게 살 가치가 없다고 말한다면 여러분은 내 말을 더더욱 믿지 않을 것입니다. (『소크라테스의 변론』 67쪽)

자신이 어느 특정인의 스승이라는 생각을 하지 않았을 뿐 아니라 누구에게나 차별 없이 질문에 응하고 대화어 나섰던 소크라테스의 토론방식, 즉 경험에 근거를 둔 사실에서 공통된 일반성을 찾아 보편적 진리에 도달하는 방식은 이후 아리스토텔레스에 의해 완성되어 프랜시스 베이컨으로 이어진 귀납 논증의 시초가 되기도 했다.

＊＊＊

　소크라테스의 변론은 결과적으로는 그에게 유죄 판결을 확정 짓고 말았다. 그러나 그는 배심원들이 듣고 싶어 하는 말투로 화답하지 않은 것을 후회하지 않았고, 옳지 못한 방법으로 변론하여 사는 것보다, 떳떳하게 죽는 편을 택했다. 끝까지 "죽음을 피하는 것이 어려운 것이 아니라, 비열함을 피하는 것이 훨씬 더 어렵습니다"라고 말하며 아테네의 법에 전적으로 따르겠다는 입장을 표명한다. 우리가 잘 알고 있는 '악법도 법이다'라는 말을 소크라테스가 직접 한 적은 없었지만 이러한 그의 태도에서 비롯된 것으로 보이고, 법과 정의를 지켜야 한다는 그의 신념은 대화 편 곳곳에 나타나 있다.

**　죽음은 둘 중 하나입니다. 죽음은 일종의 소멸이어서 죽은 자는 아무것도 지각하지 못하거나, 아니면 사람들이 말하듯 죽음은 일종의 변화이고 혼이 이승에서 저승으로 이주하는 것입니다. 그리고 만약 죽으면 아무 지각도 없어 죽음이 꿈 없는 잠과 같은 것이라면, 죽음은 놀라운 이득임이 틀림없습니다. (『소크라테스의 변론』72쪽)**

이렇듯 소크라테스는 착한 사람은 신들도 무관심하지 않을 것이고, 죽어서 삶의 노고에서 벗어나는 것도 나쁘지 않겠다며 초탈한 듯한 태도를 보인다. 그리고 죽으러 가는 자신과 살러 가는 청중 중에서 어느 쪽이 더 나은 운명을 향해 가는지는 모르는 일이라고 태연히 말했다. 소크라테스는 정의와 그 밖의 모든 미덕은 지혜이며, 지혜로운 사람은 당연히 아름답고 좋은 것을 실천한다고 하면서 '대화'를 통한 윤리적 성찰에 생애를 바쳤다. 이후 인류는 그를 세계 4대 성인의 반열에 올리고 오늘날까지 기꺼이 호명하고 또 호명한다.

  현대의 많은 철학자들이 지금 이 순간에도 현재를 꿰뚫는 다양한 사상을 새로이 내놓지만, 소크라테스는 세상이 아무리 변화해도 언제나 철학의 초심은 지혜를 사랑하는 마음에 있다는 것을 잊지 않게 해 주는 원조 철학자이다.

05

행복은 스스로 만들어 가는 것
- 알랭 -

"우리를 사랑하는 사람들을 위해 할 수 있는 가장 좋은 일은
우리 자신이 행복해지는 일이다."

'아, 이 순간 참 행복하도다'라고 느껴지는 때가 종종 있어 얼마나 다행인지 모르겠다. 이른 아침 베란다 창을 열었는데 새들이 쉴 새 없이 지저귀는 초록 초록한 앞산에서 맑은 공기 한 움큼이 날아와 훅하고 코를 스칠 때, 햇살이 온 세상에 쨍쨍한 날 마음껏 그사이를 누비며 햇살 샤워를 할 때, 출근길 클래식 채널에서 흐르는 음악이 그날의 내 기분과 혼연일체 되어 소름 끼치는 감동을 줄 때, 하루 일과를 마친 어느 겨울밤 귤 한두 개를 집어 들고 이불 속으로 들어가 소설책을 펼칠 때, 눈앞이 온통 바다인 술집 루프탑에서 꽁꽁 언 잔에 따라진 생맥주 한 모금을 막 들이켰을 때, 신중한 검색 후에 찾아간 음식점에서 주인장의 소신이 깃든 맛있는 요리를 먹을 때, 인터넷으로 주문한 옷이 기대 이상으로 잘 어울려 사람이 달라 보일 때… 이런 사소한 기쁨들을 보통의 날들 사이사이에 맛볼 수 있기에 그나마 우리가 그럭저럭 살아가는 거 아닐까.

'행복'에 대해서는 각자가 품고 있는 생각이 다르고 추구하는 방식도 다르니, 누군가가 "당신은 요즘 행복한가요?"

라고 묻는다면 사람에 따라 다양한 대답이 나올 수밖에 없을 것 같다. 철학자들도 그랬던 모양이다. 인생 최대의 주제인 행복에 대해 내가 만난 철학자들의 정의와 견해는 조금씩 달랐는데, 그것은 놀라울 정도로 획기적이거나 특별하기보다는 오히려 보편적이면서도 평범한 것에 가까웠다.

그런데 프랑스의 사상가 알랭(1868~1951)은 꽤 인상적인 주장을 하고 있었다. 그는 마치 행복 백과사전 같은 책 '행복론'에서 "행복해지기를 바라고 거기에 열성을 기울일 필요가 있다"라든가, "행복해지려면 행복해지는 방법을 배워야 한다"라든가, "자기가 만드는 행복은 결코 사람을 속이지 않는다"라고 하면서, 행복을 당연히 누려야 할 권리로 보는 게 아니라 의지를 갖고 전력을 다해야 하는 의무로 여기고 그렇게 만들어 가는 행복이 진정한 행복이라는 주장을 펼친다.

모든 일이 다 그렇다. 행복해지려면 행복해지는 법을 배워야 한다. 사람들은 언제나 행복이 우리 곁을 달아난다고 말한다. 남에게 얻은 행복이라면 그렇다. 왜냐하면 주어진 행복은 존재하지 않기 때문이다. 그러나 직접 만든

행복은 사람을 기만하지 않는다. 그것은 배우는 일이다. 그리고 사람은 계속해서 배운다. 아는 것이 많을수록 더 많이 배울 수 있다. (『알랭의 행복론』 290쪽)

　알랭이 보기에 매사를 따분하게 여기는 사람들을 주위 사람들이 즐겁게 해 줄 수도, 강제로 행복을 주입할 수도 없다. 그것은 "구멍 뚫린 가죽 자루에 물을 쏟아붓는 일" 같은 헛고생이다. 알랭식으로 좀 더 냉정하게 말하자면 마음의 병에는 약이 없고, 불행한 사람에게는 아무리 좋은 일도 시시하게 보이는 법이기 때문에 행복해지기 위해서는 우리가 생각하는 것 이상의 의지가 필요한 것이다. 그러나 자기만의 힘으로 행복해진 사람은 타인으로 인해 더 행복해지고 힘을 얻는다.

* * *

　공립중고등학교의 철학 교사 출신인 알랭은 "천재이든 아니든 매일 쓰겠다"라는 스탕달의 말을 신조로 삼아, 생의 일정 시기부터는 그것을 실천하면서 날마다 쉬지 않고 글을 썼던 문장가이기도 하다. '행복론'은 '프로포(Propos)'

라는 형식으로 쓰여졌는데, 일상에서 화제를 하나 정한 뒤, 자신의 생각과 철학을 담아 신문에 게재했던 글들이다. 한 편 한 편이 짧은 형식이지만 그는 평생 다양한 주제들로 무려 5천여 편의 프로포를 써서 남겼다.

알랭의 글은 아주 현실적이다. 그는 "사실상 행복이나 불행의 원인이란 대수롭지 않다"며 실천이 가능한 조언을 해 준다. 철학을 지적 만족의 대상이나 골치 아픈 사유의 영역으로 여기지 않았다는 것도 그의 프로포를 읽어보면 대번에 느낄 수가 있다. 예를 들면 심한 기침을 멈추는 법, 한밤중 공포를 물리치는 법, 결정 장애를 극복하는 법, 무시당했을 때 대처하는 법 등이 다 글의 소재이다.

'행복'이라는 단어가 책 제목에만 들어가도 일단 독자들의 관심을 끌게 마련이다. 알랭을 다시 읽으면서 살펴보니 우리 집에도 책장의 한 단을 차지할 정도로 행복을 주제로 한 책이 많았다. 이 가운데 인상 깊게 읽었던 책은 행복을 정복의 대상이자 인간의 목표라고 했던 버틀런트 러셀의 『행복의 정복』이다. 러셀은 인간이 불행을 느끼게 되는 원인을 조목조목 분석하는데, 현대인이 불행한 이유 중의 하나로 경쟁에서 이겨야 행복해진다는 강박을 든다. 그로 인해 사회가 각박해지고 여유가 없다 보니 사람들이 지적인 즐거움을 누릴 능력을 상실하고 전반적인 교양 수준도 저하된다고 지적하고 있다. 1930년대에 출간된 책임에도 마치 요즘 세태를 꼬집는 듯하다. 물론 러셀은 그럼에도 세상은 생존을 이어나가는 토대이므로 사물과 사람에 대한 관심과 열정을 품고 행복을 찾아가도록 독려한다.

자기계발서 느낌의 책도 있다. 하버드 대학에 행복학 열풍을 불러일으켰고 국내에서도 큰 인기를 끌었던 심리학자 탈 벤-샤하르는 『해피어』에서 진짜 행복해지기 위한 체계적인 이론을 제시하여 찬사를 받았는데 그도 알랭처럼 배움을 강조했다. "좀 더 행복해지는 방법을 배울 수 있다"는 그는 자신의 감정을 자연스럽게 받아들이고, 의미 있으면서도 즐거운 활동을 할 것, 욕심부리지 않는 심플한 생활, 감사를 표현하며 살 것 등을 적극적으로 제안하고 있다. 이 저자는 '행복' 하나에만 집요하게 몰두하며 책을 계속 출간하고 있는데, 내가 아는 작가 중에 행복에 관한 책을 가장 많이 낸 저자이다 보니 문득 이 행복 솔루션 대가의 행복 지수가 궁금해지기도 한다.

"행복해지고 싶다는 나의 소망은 산책을 하고 싶다는 소망과 같을 정도일 따름"이라고 알랭은 말했다. 일상 속 불행의 원인이 대부분 대수롭지 않은 것들이라고 보는 그의 견해에는 적극적으로 동조할 수 없지만 "사람이 상상하고 있는 불행은 항상 실제보다 과장되어 있다"라는 말에는 공감도 위안도 되었다.

스스로 자기를 괴롭히고 있는 모든 사람들에게 나는 말하고 싶다. 현재의 일을 생각하라고. (중략) 시간은 쉴 새 없이 옮아간다. 당신은 현재에 살고 있는 존재이니까 당신이 현재 살고 있는 대로 살아갈 수 있다. 그런데 당신은 미래가 무섭다고 한다. 당신은 자기가 모르는 것을 말하고 있는 것이다. 사건이란 언제나 우리들이 기대한 대로 일어나지 않는다. 그리고 당신의 현재 고통에 관하여 말한다면, 그 고통이 너무 심하기 때문에 그 고통은 덜어질 것이라고 믿어도 좋다. 모든 것은 변하고 모든 것은 옮아간다.
(『인간론/행복론/말의 예지』 135쪽)

그는 이렇게 자신 있게 말해준다. 하지만 현재를 내팽개치고 괴로움에 빠져들기 시작하면 "자질구레한 이유가 떼를 지어 밀려온다"라고 경고한다. 우리가 흔히 하는, 걱정이 걱정을 낳는다는 말과도 통하는 듯하다. 알랭에 따르면 불행에 빠지는 것은 쉽고 행복해지는 것은 오히려 어렵다. 또한 자신의 과거나 미래에 대한 일을 자꾸만 생각하는 사람도 완전하게 행복해지기가 쉽지 않다. 사람들이 슬픔에 한 번 잠기면 잊혀 가는 슬픈 일도 생각으로 불러들이고, 앞으로 일어날 안 좋은 일을 사서 걱정하며 자신의 아픈 곳을 더 긁어대기도 하는 것이다. 냉소적인 알랭은 이것을 '멍텅구리의 짓'이라고 표현했다.

걱정하는 일의 90%는 일어나지 않는다고 자신하며 걱정을 몰아내는 방법을 집중적으로 탐구한 메이허라는 여성 작가는 대부분의 걱정들이 망상이나 편견 등 불필요한 걱정에서 비롯된다며 사람들을 안심시킨다. 그리고 지나간 일에 대해 후회하지 않기, 오늘을 온전히 자신의 것으로 만들기, 때로는 과감히 포기하기, 자신감 갖기 등의 솔루션을 제시한다. 또 다른 전문가는 걱정과 두려움의 리스트를 만들어 보는 것도 방법이라고 알려준다. 속는 셈 치고 실제로 그렇게 걱정을 시각화해 보면 세상에는 내가 신이라도 되지 않는 한 결코 해결할 수 없는 능력 밖의 일, 시간이 지나야 어떤 식으로든 결론이 날 일, 당장 괴로워한다고 결과가 달라지지 않는 일들이 수두룩하다. 부질없는 걱정을 할 시간에 기분전환이 될 만한 일을 찾는 것이 낫고 AI의 도움이라도 받아서 회복 탄력성을 키우는 것이 좋다.

* * *

행복하고 싶다면 스스로 의욕과 의지를 발휘해야 한다는 철학을 일관되게 펼쳐가는 알랭은 급기야 인생을 '개간(開墾)사업'이라고 표현한다. 내버려 두면 순식간에 엉망이 되는 것처럼 사람도 자기의 기분을 개선하지 않으면 안 된다는 것이다. 그리고 그는 좀 더 적극적인 행복을 부추기는데 "비관주의는 기분의 산물이고 낙관주의는 의지의 산물"이라는 말은 언제 봐도 명언이라는 생각이 든다. 기분은 보통 나쁜 것이 일반적이며 행복은 의지와 억제를 통해 얻어지는 것이라는 주장도 자연스레 인정하게 된다.

모두가 생각의 흐름에 달려 있다. 그리고 사람은 자기가 바라는 대로는 생각지 않는다. 더구나 조금도 즐겁지 않은 생각이라면 알지 못하는 사이 그 생각으로부터 달아나는 것이 당연하다. (『인간론/행복론/말의 예지』 145쪽)

그런데 알랭은 행복에 관해 꼭 지켜야 하는 규칙 하나를 진지하게 제시한다. 그것은 "현재의 것이건 과거의 것이건 자신의 불행을 남에게 절대 얘기하지 않는 것"이다. 넋두리는 그것을 듣는 사람을 우울하게 할 뿐이며 그들이 비록 진심으로 위로해 주는 것처럼 보여도 위로해 주는 일은 결국 그들을 불쾌하게 할 뿐이라는 것이 그 이유이다. "슬픔이란 독과 같은 것"이라, 내 말을 들어주는 사람에게도 전이된다고 한다. 쉽게 인정하기 어려운 알랭의 주장이다. 혼자 괴로워하다 수렁으로 빠지기보다는 누군가에게 털어놓고 나면 후련하기도 하고 고통의 무게도 조금은 가벼워지는 거 아닌가 하는 생각을 대부분의 사람들이 할 것이다.

알랭의 고언은 이렇다. 그는 사소한 고통의 경우에 차라리 입에 담지 않고 넘어가 보면 언젠가는 그 일을 생각하지 않아도 될 때가 온다는 것이다. 그리고 날씨가 나쁠 때는 얼굴을 활짝 펴는 것이 좋다는 비유를 든다.

행복해진다는 것은 늘 어려운 일이다. 그것은 많은 사건과 많은 사람들과 벌이는 싸움이다. 그 싸움에서 질 수도 있다. 극복할 수 없는 사건이나 신출내기 스토아주의자

가 감당하기 어려운 불행이 있게 마련이다. 그러나 있는 힘을 다해 싸워보기도 전에 패했다고 생각해서는 안 된다. 그리고 스스로 행복하기를 바라지 않는다면 절대 행복해질 수 없다. 따라서 자기의 행복을 원해야 하며 또 그것을 만들어 내야 한다. (『알랭의 행복론』 332쪽)

알랭은 사람이 행복을 찾기 시작하자마자 행복을 발견할 수 없는 운명에 빠지게 되는 것이 당연한 게, 행복이 물건처럼 돈을 치르고 가져올 수 있는 것도 아니고 외부에서 그것을 구하려고 하면 아무 데도 모습을 드러내지 않을 것이 때문이라고 한다. 법정 스님도 말했듯이 "행복과 불행은 밖에서 주어지는 것이 아니라 내 스스로 만들고 찾는 것"이다.

* * *

올봄에는 꽃샘추위가 잦고 궂은날도 많아 봄날을 충분히 만끽하지 못한 것 같은데도, 아쉬워할 겨를도 없이 어느 틈엔가 여름이 떡하니 와 있었다. 지금 이 순간에도 쉬지 않고 흐르는 시간을 조금씩 의식하면서 알랭의 조언까지 듣고 나서부터는 내 나름대로 행복을 자주 누리기 위한 비책을 마련했다. '행복의 눈높이를 최대한 낮추는 것'이다. 별거 아닌 일이어도 그로 인해 작은 기쁨을 누렸다면 그것으로 충분하다. 그러다 보면 평범한 나날 중에도 반짝이는 행복이 수시로 찾아오고 감사한 마음도 자주 든다. 다이어리에 기록해 둔 순간의 기쁨들도 얼마나 소박한지, 결국은 이런 일들이 모이고 쌓여 인생을 구성해 간다고 생각한다.

알랭은 애초에 유산상속이라든가, 복권에 당첨된다든가 하는 우연한 만남에 의한 행복은 우리가 입는 외투 정도로밖에 상관이 없는 행복이라고 말하며 우리 자신의 힘에 의한 행복만이 우리와 일체가 된다고 하면서 더 큰 가치를 두었다.

마침 오늘 아침 출근길 라디오에서 벤자민 프랭클린이 말했다는 행복의 명언이 소개되었는데 "일생에 한 번 있을까 말까 한 큰 행운보다 날마다 일어나는 소소한 편안함과 기쁨에서 행복을 더 많이 찾을 수 있다"라는 것이었다. 그런데 이 말에 진행자도 감명을 받았는지 음악을 듣고 난 후 한 번 더 읽어주기까지 했다.

아주 유쾌한 행복론,『행복한 이기주의자』의 저자 웨인

다이어는 행복하게 살아가는 사람들은 지난 일을 불평하는 일 없이 삶의 모든 것을 좋아한다고 했다. 그에 따르면 행복한 이기주의자들은 일단 삶에 애정이 있으며 "나들이, 영화, 책, 스포츠, 콘서트, 도시, 농장, 동물, 산 등, 거의 모든 것을 즐긴다" 이 사람들은 매우 현재 지향적이며 평범한 일상 속에서 갖가지 즐거움을 얻는 놀라운 능력을 갖고 있다고 했다.

불행의 기준은 최대한 높여 두었다. 자잘한 근심 걱정은 불행 축에 끼워주지를 않는다. 불행한 일이라고 말하려면 도저히 어쩌지 못하는 '천재지변이나 전쟁, 전염병 같은 것'을 잣대로 삼아 놓으니 평소에 웬만해서는 불행을 말하기가 어렵다. 행복의 리스트가 차곡차곡 쌓일 뿐이다.

우리가 타인의 행복을 생각해야 한다는 것은 분명하다. 그러나 우리를 사랑하는 사람들을 위해 할 수 있는 가장 좋은 일은 우리 자신이 행복해지는 일이다. (『알랭의 행복론』 325쪽)

가족이 모여 사는 집안에 누구 한 사람이 몹시 슬퍼하거나 불행하면 집안의 공기부터 달라진다. 마음이 계속 쓰이고 그 한 사람의 슬픔이 이내 모든 가족에게 전이된다. 이는 친분이 있는 사람들의 모임 등 사회생활에서도 마찬가지다. 내가 생각하는 대로, 그때그때 떠오르는 좋아하는 일을 미루지 않고 하면서 자신을 잘 돌보고 스스로 행복해진다면 그 행복감 또한 타인에게 전이될 것이다. 나의 행복은 곧 내가 사랑하는 사람들의 행복이다.

06

나를 새롭게 창조해 가는 '초인'이 되자

- 니체 -

"살아가면서 힘들여 위로 계속 올라가는 한,
다리를 부러뜨리는 일은 드물다.
그러나 쉽게 생각하고 편한 길을 택하기 시작할 때는
그럴 수도 있다."

습관화된 모든 것은 더욱더 튼튼해진 거미줄의 그물로 우리를 끌어당긴다. 그리고 우리는 곧 가느다란 실낱같은 거미줄이 밧줄이 되어버렸다는 것과 우리 자신이 거미가 되어 그 한 가운데 앉아 있다는 것을 깨닫는다. (『인간적인 너무나 인간적인 Ⅰ』342쪽)

무심한 일상을 뒤흔드는 프리드리히 빌헬름 니체(1844~1900)의 말이다. 대부분의 사람들은 어제와 별다르지 않은 오늘을 살고 의식주에 필수적인 것을 가장 우선하며 틀에 박힌 생활을 반복한다. 지극히 당연하게 지속되는 현실 속에서 그 어떤 의미 있는 시도나 창의적인 활동을 하지 못하고 거미가 되어버린 모습… 삶의 노예가 되어 살 것인가, 주인이 될 것인가 니체가 질문을 던진다.

7년 전쯤 니체 전집 읽기에 도전한 적이 있다. 꽤 바쁘고 팍팍한 날들을 보내던 시기였는데도 인문학 모임이나 강의 프로그램에 참여하면서 즐거움을 찾곤 하다가, 무슨 열정이었는지 한 철학자를 대상으로 몇 년이 걸릴지도 모르는 통 큰 시도를 한 셈이다. 지금 생각해 보면 참 무모했고 대체 어떻게 했나 싶지만, '모르면 용감하다'고 두려움보다 의욕이 더 넘쳤던 '니체 찬찬히 읽기' 회원들 덕분에 책세상 출판사의 빨간색 양장본인 21권짜리 니체 전집을 1권부터 읽을 수 있었다.

그러나 원전 완역본은 속수무책으로 난해했고, 당시 독일의 특수한 사회 문화적 배경에 대한 지식이 없이는 이해가 어려운 부분도 있어서 즐겁게 강독한 날보다 고통스러운 날이 더 많았던 기억이 새삼 떠오른다. 그럼에도 니체 특유의 스타일과 인간과 세계에 대한 날카로운 해석을 날것으로 접하는 보람은 그 모든 것을 견뎌 낼 수 있게 해 주었다.

살아가면서 힘들여 위로 계속 올라가는 한, 다리를 부러뜨리는 일은 드물다. 그러나 쉽게 생각하고 편한 길을 택하기 시작할 때는 그럴 수도 있다. (『인간적인 너무나 인간적인 Ⅱ』161쪽)

니체는 서양철학사에서 가장 위대하면서도 문제적인

철학자 가운데 한 사람이다. 망치를 들었다는 말은 괜히 나온 게 아니다. 인간 자체를 비롯해 인간을 둘러싼 오랜 관습, 그리고 여러 법칙들에 대한 니체의 철학은 그의 눈빛만큼이나 뚜렷하고 선명하다. 열정적이고 예리하고, 때로는 아프다. 방대한 전집 가운데 여기서는 제목만큼이나 강렬한 『인간적인 너무나 인간적인 Ⅰ』, 『인간적인 너무나 인간적인 Ⅱ』, 널리 알려진 화제의 책 『차라투스트라는 이렇게 말했다』를 위주로 범위를 한정했다.

니체의 철학이 당대에 가한 커다란 충격, 그리고 엄청난 안티를 양산했던 비판은 지나치게 내세적인 기독교적 윤리에 의해 유럽 문화가 병들고 말았다는 매서운 지적이다. 현재를 잘 살아야 하는데도 불구하고 죽음 이후의 세상에 더 가치를 두는 것에 문제를 제기한 것이다. 『차라투스트라는 이렇게 말했다』에서 니체는 "신은 죽었다'라고 수차례 선언한다. 이는 기존의 종교와 진리, 도덕의 죽음까지 포함한 말이기도 하면서, 확고하던 당대 사람들의 믿음을 뒤엎어버리는 주장이었다.

목사의 아들이었던 니체가 이와 함께 내세운 것은 삶의 주체인 인간이 현재를 제대로 살게 하는 새로운 철학이다. 그가 남긴 잠언들은 평생 극심한 두통을 달고 산 사람답지 않게 자유로우면서도 건강한 힘이 있고, 분출하는 열정이 느껴진다.

* * *

어린 시절의 니체는 글 쓰는 소년이었다. 그리고 평생 온 힘을 다해 초인적으로 글을 썼다. 자존감도 높았는지, 학창 시절에 이미 자전적인 글을 여러 편 남겼는데 열네 살 그의 첫 자서전에는 자신의 교육을 대부분 스스로 알아서 했으며 지성을 갖춘 남자의 지도가 없었다는 고백이 나온다. 실제로 니체는 다섯 살 때 아버지가 뇌연화증이라는 병으로 사망하는 바람에 할머니, 어머니, 이모들, 여동생 등 여자들 틈에서 성장했다. 매사에 너무 진지해 '꼬마 목사'라는 별명을 얻었고 공책이 온통 시로 가득했을 정도로 메모하기를 좋아했지만, 노는 일에는 전혀 소질이 없는 학창 시절을 보냈다.

열 살 무렵 발병한 심한 두통으로 휴학까지 한 것을 시작으로 니체에게는 신경쇠약, 어지러움, 눈의 통증 등 이런저런 몸의 통증이 죽기 전까지 따라다녔다. 스물네 살이라는 젊은 나이에 대학교수가 되었지만 10년 만에 교수직에서 물러날 수밖에 없었던 이유도 극심한 편두통 때문이었다.

니체 나이 36세에 자신의 주치의에게 남긴 메모를 보면 그의 육체적 고통이 어느 정도였는지, 또 그것을 버틸 수 있게 한 것은 무엇인지 짐작해 볼 수 있다.

나의 삶은 끔찍한 짐입니다. 만일 내가 바로 이런 고통의 상태에서, 그리고 거의 절대적인 체념의 상태에서 정신적이고 도덕적인 분야의 매우 교훈적인 시험과 실험을 하지 않았다면 나는 오래전에 내 삶을 내던져 버렸을지도 모릅니다. 이러한 인식을 갈구하는 기쁨은 나를 고양시켜서, 나는 모든 고통과 절망을 이겨낼 수 있답니다. (『니체 그의 사상의 전기』 233쪽)

* * *

니체는 항상 자신도 아버지처럼 뇌에 관한 병으로 죽지 않을까 하는 두려움을 안고 글을 썼다. '인간적인 너무나 인간적인'을 비롯한 그의 저서에 반복적으로 등장하는 '자유 정신'은 자신의 이러한 건강 상태를 포함한 모든 종류의 정신적 구속으로부터 벗어나고자 하는 철학적 과제였다.

'자유정신' - 이 차가운 단어는 이러한 상태에 있을 때에는 편안하며 따뜻하기까지 하다. 사람들은 더 이상 사랑과 증오의 속박에서 사는 것이 아니라, 긍정도 부정도 하지 않으며 마음대로 가까이 가고 멀어지며, 기꺼이 도주하고 피해다니며 날아다니고 다시 사라지거나 또다시 높이 날아오르며 사는 것이다; (『인간적인 너무나 인간적인 Ⅰ』 15쪽)

은연중에 강요되는 것들과 새로이 몰려드는 믿음으로부터 끝없이 벗어날 수 있게 하는 각성이 니체의 자유 정신이다. 또한 자기 삶의 방향성을 자유롭게 찾아갈 수 있는 역량을 갖춘 인간의 그것, '지나친 의무의 압박을 받지 않는 사람'의 그것이다. '인간적인 너무나 인간적인'을 읽을 때마다 가장 신선하게 다가오는 개념이기도 하다. 세월이 흐르면서 모든 것에 점점 무뎌가는 사람보다는 니체의 말처럼 언제나 '세련되고 자유분방한 감각'을 지닌 사람이고 싶다는 생각을 하게 된다.

니체는 아프기도 했지만 평생 고독했다. 독신이었고 유달리 남들보다 '나쁜 상황들(질병, 고독, 타향, 무관심, 무위)'이 내내 그의 발목을 잡았다. "내 주변에는 정말 아무도 없다", "태어날 때처럼 지금도 혼자다"라는 서신과 메모들을 보면 인간적 연민을 느낄 정도다. 그러나 그는 "인간은 누구나 고독하다"면서 자신의 고독을 인정하고 받아들였다. "어떤 사람들은 자기 자신과 함께 혼자 있는 것에 익숙해져서 자신을 다른 사람과 전혀 비교하지 않고 조용하고 즐거운 기분으로 자기 자신과 좋은 대화를 나누며, 게다가 웃음을 지으며 독자적인 삶을 엮어 나간다"라고 말하며 고독을 애써 긍정한다.

철학자들은 왜 이리 다들 고독을 사랑했는지. 니체는 인간의 영혼이 사람들과의 끊임없는 접촉을 통해서 결국 닳아버릴 수도 있다고까지 말했다. 또한 개인은 '병적 고립의 상태'에서도 자기 자신과 마주하며, 외적인 요인에 의하지 않고도 자신만의 길을 찾을 수 있는 힘을 가지고 있어서 고독이 우리에게 정신적으로 '더 성숙한 자유'를 가져다줄 수 있다고 확신했다.

니체는 아무 생각 없이 살아가는 사람들의 수동적인 삶

의 태도를 무척이나 혐오했다. 그는 여행자를 다섯 등급으로 구분해 우리가 살아가는 모습을 비춘다. 가장 낮은 등급의 여행자는 여행하면서 오히려 관찰당하는 사람들, 다음 등급의 여행자는 스스로 세상을 관찰하는 사람들, 세 번째 등급은 관찰한 결과에서 그 무엇을 체험하는 사람들, 그 다음 등급의 여행자는 체험한 것을 지속적으로 지니고 있는 사람들, 최고의 능력을 가진 여행자는 자신이 관찰한 모든 것을 체험하고 동화하고 난 뒤, 집으로 돌아오자마자 곧 그것을 여러 가지 행위와 작업 속에서 기필코 다시 되살려 나가는 사람들이다.

니체는 이 높은 등급의 여행자처럼 적극적이고 창조적인 인간을 지향하며, 더 나은 개인이 되기 위해 자신을 단련하는 데 전력을 다할 것을 간접적으로 보여주었다.

결코 헛일이 아닌 - 네가 진리의 산을 오르는 것은 결코 헛일이 아니다: 그것은 네가 오늘 더 높이 올라가거나, 아니면 내일 훨씬 더 높이 올라갈 수 있기 위해 힘을 단련하는 것이기 때문이다. (『인간적인 너무나 인간적인 Ⅱ』 199쪽)

***

　문제적인 책 『차라투스트라는 이렇게 말했다』에 대해 니체는 "유사 이래 가장 획기적인 책"이라고 자신했다. 주인공 차라투스트라는 10년 동안 산속 동굴에 머물며 '자신의 영혼과 고독'을 즐겼는데 마침내 자신의 지혜가 차고 넘칠 때가 되자 속세로 나와 "신은 죽었다"라고 선포해 버린다. 고대 이래 중세 근대까지 신은 인간에게 절대적인 존재이자 전지전능한 존재였으니 이 말이 얼마나 충격적이었을까?

　당대 사람들이 이 말을 쉽게 받아들일 리 없었고, 니체는 급기야 미친 선동가 취급도 받아야만 했지만 그는 매우 단호했다. 차라투스트라의 이 말은 그리스도교에서 말하는 신이라는 존재가 더 이상 믿을 수 없는 것'이 되었다는 주장 외에도, 그때까지 인간이 무조건 믿고 따르던 진리와 도덕이 허상이라는 선고였다. 절대적이던 가치가 사라짐에 따른 허무주의는 인간이 스스로 삶을 긍정하고 상승시키려는 적극적인 의지로 극복해 가야 한다는 것이 니체의 주장이다.

영생의 설교를 들어야 할 자들이 대지를 가득 메우고 있다 하더라도 내게는 마찬가지이다. (중략) 그대들은 자신의 적을 찾아내야 한다. 그리하여 그대들의 사상을 위하여 싸우지 않으면 안 된다. (『짜라투스트라는 이렇게 말했다』 61~62쪽)

니체에 따르면 인간이 신을 만들어 낸 것이다. 그는 "신은 존재하지 않는다"고 분명히 말하면서 현재보다 더 나은, 현재를 뛰어넘는 인간상으로 '초인'이라는 존재를 제시한다. 주인공 차라투스트라는 군중을 향해 이렇게 외친다.

나는 그대에게 초인에 대해 가르치겠노라. 인간은 초극되어야 할 존재이다. 그대들은 인간을 뛰어넘기 위하여 무얼 했는가? 여태까지 삶을 살아온 자는 자신을 뛰어넘어 무엇인가를 창출해 왔다. 그런데 그대들은 위대한 조류를 거슬러 썰물이기를 원하며, 인간을 뛰어넘기보다는 오히려 동물로 되돌아가기를 원하는가? (『짜라투스트라는 이렇게 말했다』 13쪽)

초인(Übermensch)은 비범한 능력을 지닌 초능력자가 아닙니다. 자신의 의지로 스스로를 극복해 나가는 존재, 신과 같은 절대자에게 의존하거나 어떤 외부의 힘에 의지하지 않고 자신의 가치를 창조해 나갈 줄 아는 존재이다. "인간은 오염된 강물 같아서 바다가 되어야 한다"는 의미심장한 니체의 말은 인간이 가진 한계를 극복하고 바다처럼 넓고 큰 존재로 거듭나야 한다는 것으로 이해할 수 있다.

니체는 또 "인간이란 동물과 초인 사이에 놓인 하나의 밧줄이고, 심연 위에 놓인 밧줄이어서 그 줄을 타고 건너가는 것도 위태롭고, 뛰어넘는 순간도 위태롭고, 뒤돌아보는 것도 위태롭고, 공포에 질린 채 그 위에 머물러 있는 것도 위태로운 일이다"라고 말했다. 그러나 인간은 위태롭더라도 용기를 내어 초인으로 나아가려는 시도를 해야 한다고 강력히 주문한다. 어찌 보면 어린 시절부터 정신적, 육체적 고통에 시달렸던 니체 자신도 철학과 글쓰기를 통해 초인에 가까워지려는 노력을 평생 했던 것 아닐까 싶다.

각자를 둘러싼 환경이나 재능은 다르지만 그대로의 현실에 안주하지 않고 자신을 끊임없이 새롭게 변화시켜 가는 존재가 니체의 초인이다. 그리고 나는 니체의 철학이 결국 이 한 단어에 오롯이 집약되어 있다고 여긴다. 초인은 과거로부터 내려오던 낡고 부당한 것들과 과감히 결별하고 누구도 의식하지 않은 채 자신의 가치를 창조해 나가는 의지적인 존재이며, 결국 이것이 니체가 우리에게 던지는 가장 강력한 메시지라고 생각한다.

인간에게는 자신의 한계를 극복하고 더 나은 존재로 나아가기 위한, 세 가지 정신의 변화 단계가 있다고 니체의 분신 같은 존재 차라투스트라는 말했다. "정신이 어떻게 해서 낙타가 되고, 낙타가 어떻게 해서 사자가 되며, 마지막으로 사자가 어떻게 해서 어린아이가 되는가"를 설교한다. 낙타는 무거운 짐을 지고 그것을 견뎌내는 정신으로 표현된다. 니체는 인간을 억누르고 옭아매는 기존의 가치를 '중력'에 비유하는데 낙타는 그 중력을 견뎌내는 인내심 강한 정신을 상징한다. 하지만 낙타는 그 자체에 안주하는 존재일 뿐이며, 기존의 가치에 복종하는 정신이다. 다음의 변화인 사자 단계는 다르다. "사자는 자유를 쟁취하여 그 자신이 사막의 주인이 되려고 한다." 낙타와 달리 도덕적, 사회적 규범을 부정하며 자신의 힘과 권리를 되찾기 위해 포효하는 정신이다. 그리고 이 사자의 정신은 궁극적으로 다음 단계인 어린아이로 변해야 하는데, 니체는 어린아이를 이렇게 묘사한다.

아이는 순진무구요 망각이며, 새로운 시작, 놀이, 제힘으로 돌아가는 바퀴이며 최초의 운동이자 신선한 긍정이다. 그렇다. 형제들이여, 창조의 놀이를 위해서는 신성한 긍정이 필요하다. 정신은 이제 자기 자신의 의지를 의욕하며, 세계를 상실한 자는 자신의 세계를 획득하게 된다. (『차라투스트라는 이렇게 말했다』 40~41쪽)

니체는 비유를 통해 우리가 어떤 상황에 놓여 있든 세 가지 정신의 변화를 통해 어떤 정신을 가져야 하는지를 알려주고 있다. 또한 창조하는 자가 되기 위해서는 고통 속에서도 이와 같은 변신이 수반되어야 한다는 것을 말하고 있다.

* * *

1889년 어느 날 아침, 니체는 집을 나서던 길에 말이 심하게 채찍질 당하는 모습을 보고 달려들어 말의 목을 부둥켜안고 횡설수설하며 울다가 정신을 잃는다. 그리고 이후

언어 능력을 상실한 채 정신질환과 만성 통증에 시달리다 10여 년 뒤 세상을 떠난다.

한 인간으로서 니체의 생은 정말 경이롭다. 그는 평생 자신을 괴롭히는 병마에 굴복당하지 않았고 쉼 없이 쏟아낸, 비유와 상징으로 가득한 문장들은 냉철했다. 그는 그때까지의 세상에서 강력한 힘을 얻고 있던 기존의 철학을 직관적이면서도 과감하게 분석하고 마침내 전혀 새로운 방향으로 돌려버렸다.

또한, 누구도 거역할 수 없고 절대적이기만 했던 '신'의 자리를 '인간'으로 대체하고, "인간의 위대함을 위한 나의 공식은 아모르 파티(amor fati)다"라고 외친다. 니체는 어떤 삶을 살든 자신의 운명을 사랑하고, 자기 나름의 가치를 주체적으로 창조해 가는 '초인'이 될 것을 온 생을 바쳐 우리에게 말했다.

07

불안한 마음을 가라앉히는
신경안정 책

- 부처 -

"마음은 모든 법의 근본이 되어
마음이 주인이 되고 마음이 지배한다."

지금보다 여유가 생기면 가끔 템플스테이나 불교대학 프로그램에도 참여해 볼 생각을 하고 있다. 그저 단순한 관심과 끌림 같은 것인데, 어렸을 때 절에 다니시던 어머니가 자주 틀어 놓곤 하시던 천수경 독송을 듣고 자라선지 불교에 거부감이 없고, 두 손을 모으고 합장하는 동작은 어느 누가 해도 보기가 좋으며, 여행을 가서도 절에 들어서면 심신이 즉시 안정되는 걸 느끼곤 한다. 그리고 평소에도 금강경, 육조단경 같은 불교의 경전이나, 좋아하는 스님들의 에세이를 종종 읽으면서 불교를 간접적으로 경험해 왔다.

우리가 아는 불교는 기원전 6세기경 인도에서 고타마 싯다르타에 의해 창시된 엄연한 종교이다. 신도들은 그의 가르침에 따라 공부와 수련을 거쳐 '부처' 즉 '깨달은 사람'이 되기 위해 불도를 닦는다. 하지만 종교나 신앙을 떠나 내가 경전을 읽고 스님들의 말씀에 귀를 기울이곤 하는 이유는 싯다르타 역시 인간이었고, 그의 가르침 또한 수행과 탐구를 통한 진리의 발견이라는 점에서는 '철학'이라는 생각 때문이다. 나는 석가모니가 설법한, 부처의 말을 현재의 나에게 특별한 위안을 주는 '따뜻한 말 한마디' 같은 실용 철학으로 읽는다.

자주, 부담 없이 펼치게 되는 경전은 『법구경』이다. 불교 초기 경전에 속하는 이 책은 한 편 한 편이 한시 형식의 노래인 '게송'이어서 어떤 사전 지식 없이도 편히 읽힌다. 천년고찰로 여행을 갈 때 미리 읽고 불심을 충전하거나, 아예 가방에 넣어가기도 좋은 맞춤형 경전이다. 각 품(品)마다의 잔잔하고 시적인 비유는 각박한 일상에 내리는 단비와도 같다. 읽을수록 머리는 맑아지고 마음은 가벼워지니 소장하고 있는 책 가운데 가히 최고의 신경안정 책이 아닐 수 없다.

불교 철학이 그렇다. 삶의 목적이나 행복의 문제 등을 어렵지 않게 들려준다. 그리고 무엇보다 지금 처한 나의 현실이 어떻든 '고결한 삶'을 지향한다.

빼어난 풀, 아름다운 꽃도 그 향기가 바람을 거슬러 퍼지지는 못한다. 도를 가까이하여 활짝 피어나니 덕 있는 사람의 향기는 어느 곳에나 퍼져간다. ('화향품' 12장)

奇草芳華 不逆風熏 近道敷開 德人逼香(기초방화 불역풍훈 근도부개 덕인핍향).

짧은데도 이렇게나 함축적이다. 마치 문학과 철학의 콜라보 같은 느낌이다. 수백 년에 걸쳐 간행된 불경은, 팔만대장경만 떠올려 보더라도 그 양이 엄청나게 방대하고 불자로서의 수행이라는 과정 또한 쉬운 일이 아니겠지만, 싯다르타의 고민이자 연구의 과제도 역시나 인간의 생(生)이다. 불교는 우리가 어떻게 하면 지금 처해 있는 이런저런 고통에서 벗어나 괴로움이 없는 경지로 나아갈 수 있는지를 설파한다. 부처는 말한다. "삶을 괴로워하지 않고 죽음을 근심하지 않으면 도를 쉽게 깨달을 수 있으니 바르게 살아갈 뿐 근심하지 말라."

부처는 바른 도리를 배우지 못한 인간의 어리석음을 가장 경계했다. 그리고 항상 자신을 갈고닦으며 지혜를 구하기에 힘써야 한다고 가르친다. 마음을 벼리는 연금술사가 되라는 말이다.

지혜로운 사람은 서둘지 않고 편안하고 차분하게 마음의 때를 씻어 없앤다. 연금술사가 금을 단련시키는 것처

럼. ('진구품' 3장)

慧人以漸 安徐精進 洗除心垢 如工鍊金(혜인이점 안서 정진 세제심구 여공연금).

우리가 하루하루 애쓰며 살아나가는 일상도 어쩌면 정도의 차이만 있을 뿐 구도의 길일지도 모르겠다. 구차한 일, 화나는 일, 억울한 일, 참아야 할 일 투성이인 인생을 헤쳐 나가다 보면 누구나 어느 정도는 도인 비슷하게 되는 게 아닐까. 부처는 도를 따르는 사람은 "항상 사랑으로 대하고 배우기를 좋아하며 바른 마음으로 행동"하는 사람이라고 했다. 또한 불가에서 말하는 지혜로운 사람이란 "어떠한 두려움도 없고 어떤 것도 겁내지 않으며 선한 행동을 지키는 사람"을 말한다.

* * *

공자는 인(仁)을, 노자는 도(道)를 말한다면, 부처는 어떤 경우에도 그 근본에 마음(心)이 있다고 말한다. "모든 것은 마음이 스스로 지은 것"이다.

마음은 모든 법의 근본이 되어 마음이 주인이 되고 마음이 지배한다. 좋은 생각을 마음에 품은 채 말하고 행동하면 복과 즐거움이 그가 지은 대로 좇아온다. 그림자가 물체를 좇아가듯이. ('쌍요품' 2장)

　心爲法本 心尊心使 中心念善 卽言卽行 福樂自追 如影隨形(심위법본 심존심사 중심념선 즉언즉행 복락자추 여영수형).

　얼마 전 백양산 자락에 자리 잡은 절 '운수사'에 다녀왔다. 초여름 더위에 지치지 않으려고 얼린 물이랑, 수건 등 간단한 짐에 가벼운 차림으로 나섰다. 천년고찰 운수사는 절의 대웅전이 보물로 지정되어 있고 아미타삼존도, 석조여래삼존좌상 등의 문화재와 부도탑 같은 유물을 간직한 단아한 절이다. 숲길을 돌아 돌아 오르다 보면 어느새 일주문과 사천왕문이 없는 절로 들어선다. 울창하다 못해 한껏 부풀어 오른 숲속, 아래로는 부산 시내와 저 멀리 낙동강까지 광활하게 조망할 수 있는 절이 도심에 있다는 것이 정말 축복이라는 생각이 들었다. 대웅보전 앞 의자에 앉아 조용히 앞을 바라보기만 해도 무념무상의 상태가 된다.

담장 없는 절은 숲길로 이어져 있으니 우거진 숲이 만들어낸 아치형 지붕 아래로 흙길을 걸으며 마음 치유를 할 수도 있다.

법정 스님은 누구나 자기 마음속의 소리를 들으려면 홀로 있는 시간이 필요하다고 했다. 나 역시도 마음이 심란할 땐 기분을 전환해 보겠다고 억지로 일을 만들지 않고 고요하게 휴식하는 편이다. 명상을 하거나 108배를 하는 경지까지 가지는 못했어도, 왠지 마음의 안정을 주는 예쁜 노트와 문구류들을 챙겨 조용한 공간에서 책을 읽거나, 무언가를 쓰면서 시간을 보낸다. 그러다 뜻밖의 문장을 발견하기라도 하면 감정이 누그러지기도 하고 힘이 나기도 한다.

나는 고요한 곳에 머물기를 즐긴다. 세상 사람들은 즐거움을 찾지 못하는 그곳에서 더 이상 바라는 것이 없이 즐거워라. 그 어떤 것에 대해서도 욕망을 일으키지 않네. ('나한품' 10장)

彼樂空閑 衆人不能 快哉無望 無所欲求(피락공한 중인 불능 쾌재무망 무소욕구).

하지만 그래도 마음이 상쾌하지 않을 때는 집안 곳곳을 마구 정리하면서 보내기도 한다. 그럴 때는 노동이라는 생각이 전혀 들지 않는다. 누가 그랬던가 '청소도 수행'이라고. 청결한 집은 귀신이 제일 싫어한다는 말도 있다. 외적인 공간을 조금 정돈했을 뿐인데 깨끗한 집이 보상으로 돌아오고 그로 인해 산뜻해진 마음은 덤이다.

『심플하게 산다』의 저자인 프랑스 수필가 도미니카 로로는 우리의 일상에서 최대한 단순하게 만들어 가야 할 것을 물건, 몸, 마음으로 나누어 세심하게 알려준다. 아니나 다를까 작가도 동양철학에 관심이 많아 따로 공부도 했으며 특히 선불교에 깊은 영향을 받았다고 한다. 작가는 "마음의 생태계에는 자기 자신을 다듬는 내면적인 수련이 필요하다. 매스미디어가 전파하는 폭력과 공포에 맞서 지식과 예술, 아름다움, 행복, 평화, 사랑이 우리 마음에 자리하게 해야 한다"고 조언한다.

* * *

'자신을 사랑하는 참된 방법'이라고 풀이되는 애신품(愛身品)은 『법구경』 39품 중에서도 특히 우리를 많이 응원해 준다. 흔히 듣지만 실감을 잘 하지 못하고 감사한 줄 모르는 것 중에 하나가 불가에서 강조하는, 우리가 인간으로 태어난 일이다. 인터넷 생활 수행 도량 '목탁소리'로 유명한 법상 스님은 육도 중에 인간계는 "희망한다고 다 올 수 있는 것은 아니다. 번호표를 뽑아가며 수천, 수만 년 이상을, 아니 수억 겁을 기다리고 기다려야 한다. 그만큼 영광스러운 가능성의 땅, 그곳이 바로 지구별"이라고 한다. 애신품을 보다 보면 우리가 이 지구별에서 인간으로 지내는 100여 년도 안 되는 짧고 한정적인 시간이 얼마나 귀한지를 저절로 자각하게 된다. 그렇다고 목표를 정해 자신을 채찍질하며 살아야 한다는 것은 아니다. 부처는 생(生)을 소중히 여기면서 자신을 참되게 돌이켜보고 자기의 할 일을 잘해 나가는 자비로운 사람이 되기를 권한다.

자신을 이루는 것을 가장 중요하게 여기어 항상 스스로 배우기에 힘써라. 자신을 이롭게 한 후에 다른 사람을 가르치며 싫증내지 않으면 지혜로운 사람이다. ('애신품' 2장)

爲身第一 常自勉學 利乃誨人 不惓則智(위신제일 상자

면학 이내회인 불권즉지).

  불경이니 여기서의 면학은 불교의 계율을 배우고 실천하는 것이겠지만, 자신을 이루는 몸과 마음을 중요하게 여기는 것부터가 그 시작이다. 나는 어떤 사람인지, 무엇을 원하는지를 알고 먼저 자신을 위할 줄 알아야 한다. 광연품 6장에도 "스스로 지혜에 뜻을 두지 않고 배우고 익히는 것을 좋아하지 않으면 세상을 보는 눈이 점점 좁아진다"고 한다. 그리고 자신을 사랑하는 법의 궁극적인 것은 자신을 이롭게 하고 다른 사람과 나누어야 한다는 게 이 장의 포인트다.

  불가에서는 만나는 사람, 인연에 대한 철학도 뚜렷하다. 부처와의 유명한 일화도 있듯이, 향을 쌌던 종이에서는 향내가 나고 생선을 묶었던 줄에서는 비린내가 나는 것처럼 본성은 깨끗한 것이나 어떤 인연을 가까이하느냐에 따라 하는 일이 달라진다는 것이다. 부처는 '성스러운 사람', '어진 사람', '지혜로운 사람', '고매한 성품을 지닌 사람'을 가까이하라고 누누이 말한다. 그래야 평안하게 살 수 있다고 한다. 문득 내 주변 인물들을 떠올려 본다. 부처가 말하는 좋은 사람들이 수두룩하다는 사실에 너무나 안심이 된다. 물론 떠올리자마자 기분이 몹시 나빠지는 사람이 전혀 없는 건 아니지만 이럴 때 부처는 분명히 "다른 사람을 책망하기보다 자신을 먼저 반성하라"고 할 것이다.

* * *

음식을 먹는 것, 섭식에 대해 부처는 욕구를 다스리고 음식을 절제할 줄 알아야 한다고 가르친다. 그러고 보니 고대로부터 동서양 대다수의 현자들은 소식과 함께 단출한 식생활을 추구했던 것 같다.

사람은 마땅히 생각해야 한다. 끼니때마다 적게 먹을 줄 안다면 고통과 욕망은 줄어드니 음식을 절제하면 건강하게 장수한다. ('광연품' 10장)

人當有念意 每食知自少 則是痛欲薄 節消而保壽(인당유념의 매식지자소 즉시통욕박 절소이보수).

식생활에도 철학이 필요하다. 자신을 사랑하는 방법 가운데 몸을 이롭게 하기 위한 지혜이기도 하다. 사람마다 필요한 칼로리, 좋아하는 음식, 식욕이 다르지만 내가 생각할 때 좋은 식생활은 '적당한 양의 음식에 영양가는 충분한'이다. 거기에 주부의 애살을 담아 '예쁘게 세팅하여'까지 추가해 본다. 향신료나 양념은 최소화하면서도 담백하고 맛있게 조리하려고 하는 편이다. 가끔 어느 스님의 사찰요리를 유튜브로 보면서 영감을 얻어 내 방식대로 창조해 보기도 한다. 과유불급(過猶不及)은 식생활에도 적용되는 것 같다. 친구, 지인과 식사 자리를 가질 때도 테이블 가득 가짓수가 많은 메뉴보다는 질 좋은 음식이 여백을 두고 정갈하게 놓여진 상태를 좋아한다. 부담이 없고 가벼운 식사가 훨씬 즐겁고 유쾌하다.

* * *

세상의 모든 것은 질그릇과 같고 허깨비 같은 것이 홀연히 존재하는 것임을 알면 마구니의 꽃이 피어나는 것을 끊어 버리고 생사의 경계를 벗어난다. ('화향품' 3장)

知世坏喩 幻法忽有 斷魔華敷 不觀生死(지세배유 환법홀유 단마화부 부도생사).

불교의 향기가 물씬 나는 이 글을 읽고 나면 아등바등한 우리의 삶을 한 발 떨어져서 보게 된다. 제행무상(諸行無常)이라고 부처는 "이 세상 모든 존재는 영원한 것이 하나도 없다"고 했다. 꽃이 피고 지듯, 우리는 이번 생에 잠시 살러 왔다가 늙고 병들고 죽는다. 영원히 살 것처럼 어디에도 집착하지 말고 항상 자애로운 마음으로 초연하게 살아가라고 부처는 말한다.

08

자기만의 보루를 지켜내는 힘
- 몽테뉴 -

"나는 다른 사람들에게 어떻게 보이는가 하는 것보다는
나 자신에게 어떻게 보이는가 하는 것에
더 많은 관심을 기울인다.
나는 다른 사람들에게서 빌려온 것에 의해서가 아니라
나의 것에 의해 풍요로워지기를 바란다."

한동안만이라도 소란스런 세상일로부터 거리를 두고 자신만의 세계를 돌볼 필요가 있다고 느낄 때는 자기중심적인 철학자 몽테뉴(1533~1592)를 만나는 것이 좋다. 그는 혼란한 시대에도 철학의 관심을 오직 '자기 자신'에게로 돌리고 자신을 이해하고 지켜내는 일이 세상에서 가장 위대한 일이라고 했던 프랑스의 사상가다.

"미리 말해 두지만, 나는 사소한 일상과 개인적인 일들을 이야기하려는 것일 뿐, 그 외의 다른 목적은 없다"라는 무심한 말과 함께 시작하는 것이 그의 책 『수상록』(Les Essais, 에세들)이다. 몽테뉴는 자신의 스타일을 담아낼 글의 형식이 필요해 '처음 해 보다'라는 의미를 지닌 '에세'라는 명사를 직접 만들었고, 이것이 '에세이'의 원조가 되었다.

오늘날도 에세이는 다양한 주제를 다루며 형식에 얽매이지 않는 일인칭 시점의 글쓰기로 저자와 독자가 부담 없이 교감을 할 수 있는 산문이다. 그러다 보니 최근에는 이런 일도 책이 되네? 싶을 만큼 지극히 개인적인 이야기도 큰 관심을 끌며 독자의 사랑을 받곤 한다.

몽테뉴는 법관으로 공직 생활을 하다가 37세에 은퇴하고, 유산으로 물려받은 성에 머물면서 '에세'를 집필했다. 성의 주인이라고 하면 웅장하고 멋들어진 저택에서 남부럽지 않은 삶을 살았을 것 같지만 그는 결코 한가로운 마음이 아니었다. 때는 화형이 난무하는 종교전쟁, 무시무시한 내란, 폭동, 죽음 외에는 대책이 없는 전염병 등이 수시로 위협하는 격변의 시대였기 때문이다. 몽테뉴는 이 시기에 외적인 요인에 의해 끝없이 위협받고 휘둘리게 되는 개인이 어떻게 하면 본래의 자아를 지켜내며, 인간성을 잃지 않고 자유로운 자기 자신으로 살아갈 수 있을까 하는 질문에 처음부터 끝까지 집중했다.

나는 다른 사람들에게 어떻게 보이는가 하는 것보다는 나 자신에게 어떻게 보이는가 하는 것에 더 많은 관심을 기울인다. 나는 다른 사람들에게서 빌려온 것에 의해서가 아니라 나의 것에 의해 풍요로워지기를 바란다. (『수상록』 459쪽)

그는 이처럼 자신에게 지대한 관심을 갖고 평소 사생활이나 자신의 역사를 '철학'의 대상으로 삼았다. 이런 이야기까지 하나 싶을 만큼 부끄러운 모습까지 솔직하게 성찰하며 경험에 의한 지혜를 들려준다. 그런데 우리가 그의 책에서 발견하게 되는 것은 곧 우리의 문제이고 나의 문제이기도 하기에 빠져들게 되는 것이다.

지금도 지구 곳곳에서는 크고 작은 전쟁이 벌어지고 있고, 종식되지 않은 전쟁들이 언제 어느 곳에서 또 일어날지 예상할 수 없다. 수년간 지구를 휩쓸었던 전염병이 잦아들었지만 진화한, 또는 새로운 그것이 어느 순간 다시 인간을 공격할지 모르며 나라마다 정치적 혼란에 의한 민생고도 여전하다. 예나 지금이나 혼돈의 시대를 살아가는 우리에게 몽테뉴는 그럴수록 "우리의 생각과 계획을 자신과 자신의 행복 쪽으로 되돌려야 한다"라고 말한다.

* * *

보통의 일상을 살아가는 우리는 누구든지 단나는 사람이나 활동 범위가 어느 정도 정해져 있고, 자신을 둘러싼 좁은 세상이 전부인 것처럼 생각하고 살기 마련이다. 그래서 옛 선인들은 경험을 넘어서는 세상을 책에서 만나야 한다고 충고하곤 했는데, 몽테뉴 역시 마찬가지다. 그도 서재에 틀어박혀 많은 시간을 보내곤 했던 독서가였다. "서적은 나의 인생행로에서 변함없는 친구가 되어 나를 돕는다"라고 했고, 그에게 있어 서재는 자기만의 동굴이기도 했다. 성의 꼭대기를 가장 중요한 공간인 서재로 마련하고 벽면을 1천 권의 책으로 채웠다. 천장에는 라틴어 격언을 새겨 넣어 단순히 눈길만 주어도 지혜의 말을 볼 수 있도록 했다.

집에 있을 때 나는 자주 서재에 드는 편이며, 거기에 있으면서도 집안일을 손쉽게 보살펴 나간다. 서재 입구에 앉으면 집안 전체가 한눈에 내려다보이므로 정원·양계장·앞마당 등 집안의 이곳저곳을 둘러본다. 거기에서 나는 이 책 저 책을 특별한 생각 없이 들춰보며 때로는 몽상도 하고 때로는 이리저리 거닐면서 생각나는 것을 받아쓰게도 한다. (중략) 이전에 서재는 집에서 가장 쓸모없는 장소였으나 이제는 하루의 대부분과 남은 생애 대부분을 보내는 장소가 되었다. (『수상록』 570쪽)

고독이 밀려올 때도, 무료하고 권태로울 때도, 화나게 하는 친구들에게서 벗어나고 싶을 때도, 고통 속에서 몸부림칠 때도 몽테뉴에게는 책이 가장 좋은 친구였다. 책은 그를 온갖 상념에서 벗어나게 해 주고 '늘 한결같은 얼굴'로 즐거움을 주었다. 만일 내가 몽테뉴를 만난다면 참 잘 통하겠다 싶은 게 수상록을 보면서 느낀 그의 몇몇 기질들, 예를 들면 격한 감정에 사로잡혀 흥분하는 일이 거의 없다거나, 바깥세상의 부귀영화에 크게 관심을 두지 않는다거나, 가끔 은둔하고 싶어 한다거나 하는 점도 그렇지만 독서를 영혼을 구원하는 행위로 생각하는 성향을 발견하고는 소울메이트를 만난 듯 반가웠다.

  나의 동굴 역시 서재다. 몽테뉴와 비교해도 서재만큼은 밀리지 않는다. 몽테뉴처럼 거실의 벽에 책장을 짜 넣어 그가 부럽지 않을 만큼의 책을 보유하고 있고, 집 밖에 있는 지역의 도서관들도 나의 거대한 서재로 잘 활용하는 편이다. 전쟁이 나도 평화로울 것만 같은 공간, 이런저런 특징과 개성을 품은 지역 도서관들은 요즘 다양한 프로그램을 진행하는 문화공간으로 진화했다. 건물 내부에 카페도 있고, 식당, 매점이 있는 곳도 있어서 하루 정도 외부와 단절하고 잠수타기에도 그만이다. 애정하는 우리 동네 도서관 바로 옆에는 세계의 장미꽃이 만발하는 유명한 장미 공원과 연못이 있어 오가는 길도 즐겁다.

몽테뉴의 독서법은 꽤 참고할 만하다. 그는 책을 읽다 어려운 부분을 만나면 한두 번 다시 시도하다 고민 없이 그냥 넘어간다. 그 부분에 너무 집요하게 골몰하면 오히려 흥미도 잃고 시간도 허비하게 된다고 생각했다. 그럴 때는 일시적으로 덮어 두었다가 다음에 집어 드는 것이 좋다는 생각에 나도 동의한다. 예전에는 잘 모르겠어서 중단했던 책의 어떤 부분이 시간이 좀 더 지난 후 다시 열었을 때는 잘 읽히기도 하는 걸 종종 경험하기 때문이다. 다만, 몽테뉴의 책 사랑에는 '반전'도 있다. 나이가 들어 몸이 노쇠해질 무렵에는 책과 씨름하는 것이 건강의 적이라며 지나친 독서를 경계한다. "영혼이 책을 통한 기쁨으로 단련되는 동안 육신은 힘이 빠지고 무기력해진다"면서 건강을 생각해 너무 지나치게 독서의 쾌락에 정신을 빼앗겨서는 안 된다고 당부한다.

* * *

애초부터 돈 관리에는 그다지 유능하지 못했던 몽테뉴

가 겪은 이야기 중에는 우리의 경제관념을 돌아보게 하는 부분이 있다. 몽테뉴는 유년 시절 이후 세 시기에 걸쳐 다른 경제적 상태를 겪었다고 고백한다. 이십 년 가까이 계속되었던 첫 번째 시기에는 불규칙적인 임시 수입과 다른 사람들의 도움 이외에는 고정 수입이 없이 살았다. 돈을 빌려 쓰고 갚으면서, 돈을 쓰는 것은 오직 행운에 달려 있다고 믿고 아무 걱정 없이 돈을 썼다. 몽테뉴는 이 시절이 좋았다고 회상한다. 그러다가 "내게는 연간 이천 에쿠가 넘는 수입이 있음에도 불구하고 바로 곁에 빈궁이 도사리고 있는 것처럼 보인다. 왜냐하면 운명은 부를 가난으로 이끄는 구멍을 수없이 열어 놓고 있기 때문"이라는 것을 깨닫는다. 그리고 이에 대해 성찰한다.

그러므로 여러 가지 이유로 가난이란 재산이 없는 사람들 속에서와 마찬가지로 재산이 있는 사람들 속에서도 존재한다는 것과 빈곤은 부유와 함께 어울려 있을 때보다 빈곤만 있을 때 덜 고통스럽다는 것을 알고 있다. 부(富)는 소득으로부터 오는 것이라기보다 오히려 알뜰함으로부터 오는 것이다. (『수상록』 101쪽)

재산이 많은 사람들은 지출의 규모도 크기 때문에 오히려 돈이 부족하게 느껴져 심적으로 가난할 수 있고 아니면 가산을 쉽게 탕진해 정말 가난해지기도 한다. 반면 알뜰한 사람은 지출의 규모가 적은데도 절약을 하기 때문에 조금씩이라도 부를 축적해 나갈 수 있다. 이는 숱한 소설과 드라마, 그리고 우리의 현실이 증명하고 있다. 두 번째 시기에 몽테뉴는 돈을 모으는 데 치중해 상당히 많은 돈을 모은다. 재산이 있음에도 재난에 대비하고, 여행 중에 사고를 당하지나 않을까 걱정하며 돈을 모으고 또 모아보니 이제는 괴로움이 따랐다. 그에게 "돈은 여전히 무거운 짐이었다." 돈더미를 소유하는 것이 습관이 되고 거기에 지나치게 마음을 쏟으면 지키는 데 따르는 고통도 엄청나게 크다는 것을 깨닫는다.

　이후 몽테뉴는 "훨씬 더 유쾌하고 절도 있는 제3의 생활" 즉 지출과 수입에 적절히 맞춰가는 생활을 하기에 이른다. 수입과 지출이 큰 격차를 보이는 일은 없었기에 안정적으로 당장의 일상생활에 필요한 것이 충족되면 그것으로 만족하며 매일을 지냈다. 몽테뉴 생각에 만약 비상시를 다 대비하자고 마음먹으면 이 세상의 모든 재물로도 충분하지 않았기 때문이다. 이런 경험을 토대로 몽테뉴는 우리에게 이렇게 조언한다.

욕구를 적절히 조절하고, 근심 걱정 없이 자기의 재산으로 만족하고, 재산이 늘어나든 줄어들든 구애됨 없이 가장 적합하고 평온하고 마음에 맞는 일에 힘써 노력하는 사람이야말로 행복한 사람이다. (『수상록』 106쪽)

교육에 대해서도 몽테뉴는 아주 열성적이고 뚜렷하게 자기 견해를 밝혔다. 어린 시절 특별하고도 부족함 없는 교육을 받고 자란 몽테뉴의 교육철학은 지인에게 쓴 편지에 오롯이 담겨 있다. 무려 16세기에 쓰인 것인데도 현재에도 눈여겨볼 부분이 많다. 그는 편지를 통해 "인간의 학문 중에서 가장 어렵고 중대한 문제가 아이들의 양육과 교육일 것"이라고 강조하면서 교육을 농사에 비유한다. 파종은 쉽지만 그것을 키우는 데는 어려움이 따르고 여러 방법이 동원되고 공을 들여야 하기 때문이다. 자식 농사라는 말은 오늘날도 흔히 쓰이니 즉시 공감되었다.

몽테뉴 역시 "인간의 타고난 성향을 억지로 바꾸기는 어려운 일"이라고 믿었으며, 그러다 보니 부모의 잘못된 선택으로 적성에 맞지 않는 길로 들어서면 아이들은 뿌리내

릴 수 없는 일을 하느라 헛되이 시간을 낭비할 수밖에 없다는 점을 진지하게 지적한다. 그리고 "우리는 아이들을 훌륭하고 유익한 방향으로 인도할 뿐 어릴 적의 행위를 기초로 하여 쓸데없는 추측을 하거나 징후를 찾으려 해서는 안 된다"고 말한다. 그의 말처럼 아이들이 아주 어릴 때는 부모의 일방적인 선택에 따를 수밖에 없으니 부모들이 건전한 교육철학을 갖는 것도 매우 중요하다는 생각이 든다.

 오늘날의 기준으로는 다소 이상적이고 비현실적이라고 생각될 수도 있지만, 그 시대 몽테뉴는 가정교사를 선택할 때도 지식만큼이나 훌륭한 인격과 분별력을 갖춘 사람을 선택하는 것이 바람직하며, 훌륭한 가문의 자제들이 학문을 닦는 것은 돈벌이나 외면적인 편의보다는 자신의 내면을 풍부하고 아름답게 하기 위해서라고 말한다. 물론 신체적인 튼튼함이 뒷받침되어야 하는 점도 강조하고 있다. 또한 교사는 혼자서 모든 것을 생각하고 말하는 것이 아니라 학생에게 생각하고 말할 기회를 주고 학생의 말에 귀를 기울이는 것이 바람직하다고 주장한다. 학생의 머릿속에 집어넣는 것이 아니라 스스로 취사선택할 수 있도록 유도하는 것이 중요하다는 것인데 그 시절에 주입식 교육의 문제를 인식하고 경멸했던 몽테뉴의 비유는 언제 봐도 멋지다.

꿀벌들은 이 꽃 저 꽃에서 꽃의 정수(精髓)를 훔쳐 가지만 그 다음에는 그들 자신의 것을 꿀로 변화시킵니다. 그러면 그것은 이미 백리향(百里香) 꽃의 꿀도 마요라나(marjoram) 꽃의 꿀도 아닙니다. 이와 마찬가지로 학생은 다른 사람에게서 빌려온 것을 변화시키고 섞어 완전히 다른 자기의 것, 즉 자신만의 견해를 만들어야 합니다. 학생의 교육도, 노력도, 공부도, 바로 이러한 자신의 견해를 형성하는 것을 목적으로 하고 있는 것입니다. (『수상록』 217쪽)

* * *

몽테뉴에게 열광하는 전 세계 독자들이 그의 사상에서 가장 큰 영감을 받는 주제는 아마도 '죽음'일 것이다. 고대로부터 이미 많은 철학자들이 인간에게 가장 공평한 것이 죽음이라며 열렬히 숙고한 자신들의 사유를 내놓았지만, "철학을 하는 것은 죽는 것을 배우는 것"이라는 몽테뉴의 관점은 조금 다르다. 그리고 집요하다. 그가 살았던 시대가 지금으로서는 상상하기 어려울 정도로 폭력과 죽음이 난무했던 때이기도 했지만, 몽테뉴 개인적으로도 가까운 사람들의 죽음이 너무 잦았다.

남동생이 테니스공에 맞아 어이없이 죽었으며, 공직 시절의 절친은 전염병으로 죽었고, 몽테뉴 자신도 낙마 사고로 죽을 고비를 겨우 넘겼으며, 자식들도 줄줄이 어린 나이에 죽는다. 이렇듯 만연한 죽음에 몽테뉴는 "젊은 사람이나 늙은 사람이나 결국은 모두 세상을 떠난다. 태어난 사람 중 이 세상을 떠나지 않는 사람은 한 사람도 없다"며 우리에게 죽음이라는 것에 익숙해질 필요가 있다고 한다.

그러므로 당당하게 죽음을 맞이하는 것을 배우자. 우선 죽음이라는 적이 갖고 있는 최대의 강점을 빼앗기 위해 보통과는 전혀 다른 방법을 택하자. 죽음으로부터 죽음의 기이함을 제거해 버리자. 그리하여 죽음을 알고 죽음에 익숙해지자. 무엇보다도 자주 죽음을 생각하자. 항상 죽음을, 죽음의 모든 모습을 마음속에 그리자. (『수상록』 127쪽)

죽음에 대한 몽테뉴의 생각은 말년에 이르러 조금 바뀌기도 하지만, 자신은 신이 원하는 시간이면 언제라도 아무 미련 없이 이 세상을 떠날 수 있는 상태를 유지하면서, 죽음을 미리 생각하는 것은 자유를 미리 생각하는 것이라고 했다.

살아있는 동안 자신의 본질과 개성을 지키고 자신의 삶을 살아야 한다는 것이 몽테뉴의 일관된 견해이다. "우리는 모두 속이 텅 빈 공허하기 짝이 없는 존재들"이어서 늘 자신을 채우고, 돌보고, 개선하며 살아갈 필요가 있다. 그러기 위해서 몽테뉴는 우리에게 참된 고독의 시간을 권유했고, 때로는 다른 사람들과의 끈으로부터 벗어나 진정으로 평온한 시간을 자주 갖기를 추천했다. 자기중심적인 본성은 결코 나쁜 것이 아니며, 영혼을 친구 삼아 어떤 경우에도 자신만의 보루를 지켜낸다면 모든 것으로부터 자유로운 개인이 될 수 있다는 것이 몽테뉴의 철학이다.

09

비관주의자가 들려주는 인생 비결

- 쇼펜하우어 -

"인생이란 향락을 즐기기 위해서가 아니라
고통을 이겨내고 처리하기 위한 것이다."

내 인생의 첫 철학자는 아르투어 쇼펜하우어(1788~1860)다. 갑자기 많아진 시간과 함께 자유로웠지만 왠지 모르게 막막하기도 하던 스무 살 때, 그의 책을 대면한 곳은 부산 보수동 헌책방 골목이다. 그때는 헌책방 골목을 찾는 사람들이 무척이나 많았었고, 나 역시 가끔 바람 쐬러 가듯 책 구경을 가곤 했었다. 그러다가 어느 서점 매대에 잔뜩 쌓여있는 책 가운데 하필, 어두운 푸른색 표지의 『쇼펜하우어 염세철학 입문』이라는 책을 집어 들었던 것이다. 그리고 그때는 예상하지 못했다. 그로부터 지금까지 내가 쇼펜하우어의 철학을 두고두고 사유하고, 즐기고, 때로 의지하게 될 줄은…

책은 결코 유쾌하지 않았다. 첫 장부터가 벌써 '고뇌와 허무의 연가', '삶의 아픔에 관하여'로 시작된다. 그런데 읽다 보면 목차에서 풍기는 이미지와 달리 그리 비관적이지만은 않았고 그럭저럭 읽혔으며 생각지 못한 위안을 주기까지 했다. 하지만 이번에 생각난 김에 다시 펼쳐보니 역시 가벼운 책이 아니기는 했다.

거의 모든 인간은 일생 동안을 일과 근심, 곤욕과 곤란을 등에 지고 살게끔 운명지어져 있다. 그러나 인간이 원하는 것마다 모두 성취된다면, 인간은 자기 시간을 무엇에 쓴단 말인가? (『쇼펜하우어 염세철학 입문』 14쪽)

이 책에서 쇼펜하우어는 "바닥에 짐이 없는 배는 자꾸 흔들려서 도저히 곧게 나아갈 수 없는 것처럼" 누구에게나 어느 정도의 고난은 있을 수밖에 없다고 말하고 있다. 나의 첫 철학책은 이후 30년이 넘는 세월과 함께 누렇다 못해 갈색빛이 돌 정도로 낡았지만 아직도 책장 한구석에서 나와 함께 나이 들어가고 있다.

까탈스럽기로 유명한 쇼펜하우어의 철학은 그가 30세에 출간한 '의지와 표상으로서의 세계'와 63세에 출간한 '소품과 부록'에 다 담겨 있다. 특히 '소품과 부록'은 국내 여러 출판사에서 부분부분 발췌 번역해서 '인생론', '문장론', '수상록', '행복론과 인생론' 등의 제목으로 서점가에 많이 나와 있다. 최근 몇 년 사이에는 쇼펜하우어 관련 도서가 베스트셀러에도 오르는 등 열풍이 불고 있는 것 같기도 하다. 그러나 신중하기 이를 데 없는 쇼펜하우어가 이 사실을 알면 비관주의자답게 이렇게 말했을 것이다. "크게 기뻐하지 않는 것이 좋다."

그에 따르면 모든 사건과 사물은 언제라도 변화 가능성이 있기 때문이다. 쇼펜하우어 역시 '의지와 표상으로서의 세계'를 출간했을 때만 하더라도 철학자로서나 저자로서 거의 주목을 받지 못하다가 63세 이후에야 대중에게 크게 알려지는 기적 같은 변화가 일어났다. 세월이 더 지나서는 세계가 열광하는 철학자가 되었고, 러시아의 톨스토이는 "쇼펜하우어를 읽으며 끝없는 황홀경을, 일찍이 한 번도 느끼지 못한 정신적 희열감을 연달아 만끽"했다고 할 정도다.

* * *

책을 통한 간접 경험이긴 하지만 철학자를 만날 때마다 나의 관심은 '이 사람은 세상을 어떻게 바라보는가', '어떻게 살아가라고 말하고 있는가'이다. 쇼펜하우어는 일단 세상을 '곤궁과 비탄의 무대'로 보았다. 그리고 인생이란 우리가 어떻게든 끝마쳐야 하는 힘든 과제라고 규정한다. 뭐 이 정도만 해도 마음이 무겁건만 그는 여기에 한술 더 떠서 세상을 '지옥'이라고까지 표현했다.

누구나 똑같이 고통과 궁핍에 시달리는 가련한 희극 배우에 불과하다. 인생도 이와 마찬가지다. 지위와 부의 차이에 따라 각자 자신의 역할을 수행하지만, 행복과 즐거움의 내적 차이가 결코 그런 역할과 일치하는 것은 아니다. 이 경우에도 한풀 벗기고 나면 궁핍과 고통에 시달리는 똑같은 가련한 멍청이에 지나지 않는다. (『쇼펜하우어의 행복론과 인생론』 21쪽)

누구는 인생을 여행 같은 것이라고도 하고, 마라톤이라고도 하고, 연극 무대라고도 하지만 사람이 각자 처한 상황은 다를지라도 쇼펜하우어는 우리가 "그럭저럭 살아가며, 삶을 견뎌낸다"고 말한다. 그러나 그는 그럼에도 불구하고 가능한 한 즐겁고 행복하게 살아갈 수 있는 삶의 기술을 펼쳐나간다.

쇼펜하우어에 따르면 "각자 살아가는 세계는 무엇보다 그의 세계관에 의해 좌우"된다. 우리의 의식과 생각의 차이에 따라 세계는 얼마든지 "빈약하고 진부하고 하찮은 것이 되기도 하고, 풍요롭고 재미있거나 의미심장한 것이 되기도 한다"는 것이다. 같은 사건을 겪어도 그것을 이해하고 대처하는 능력은 사람마다 큰 차이가 난다. 객관적으로 봤을 때 아무리 멋지고 좋은 일도 주관적인 생각이 열악하면 현실도 그렇게 되고 만다. 또한 사람들은 항상 자신의 의식 속에 살기 때문에 긍정적인 변화를 남들이 도와줄 수도 있는 것도 아니다. 오직 자신의 직, 간접 경험과 사유, 통찰을 통해 스스로 세계관을 갖추어 나갈 수 있는 것이고 그것이 한 개인에게는 생을 좌우하는 힘과 에너지가 되는 것이다.

'내면의 풍요로움'은 쇼펜하우어가 매우 중요하게 여겼던 덕목 중의 하나이다. "내면이 풍요로우면 운명에 많은 요구를 하지 않을 것"이라는 말은 언제봐도 근사하다. 한 인간의 자신을 이루는 것, 홀로 있을 때도 그를 따라다니며 아무에게도 주거나 빼앗을 수 없는 것이야말로 남의 시선에 비친 겉모습보다 더 소중하지 않을까? 내면이 풍요로운 사람은 외양이 아름다울 수밖에 없다는 것도 많은 철학자들의 공통적인 견해이다.

쇼펜하우어는 각자가 가진 인격의 가치가 절대적이라고 믿었고 그 외에 다른 것은 간접적인 요인일 뿐이라고 말한다. 그리고 앞날을 예측하기 어려운 운명의 바다에서 우리가 키우고 유지하려고 힘써야 되는 것은 "고상한 성격과 뛰어난 두뇌, 낙천적 기질과 명랑한 마음, 튼튼하고 아주 건강한 신체와 같은 주관적인 자산"이라고 한다. 그런데 아이러니하게도 쇼펜하우어는 이 모든 것 중에 우리를 가장 직접적으로 행복하게 해 주는 것이 '명랑한 마음'이라고 강조한다. 평전을 읽어봐도 쇼펜하우어가 명랑하고 유쾌한 사람이었다는 내용은 어디에도 나오지 않지만 그는 비관주의자답지 않게 명랑함을 최고의 자산으로 꼽고 있다.

그리고 명랑함을 잃지 않고 살아가는 데 가장 큰 도움을 주는 것은 '건강'이라고 주장한다. '소품과 부록'이라는 책이 나왔을 무렵 그 자신도 한창 건강을 챙겨야 할 나이여서 그런지 몰라도 잔소리에 가까울 만큼 구체적으로 건강관리를 당부한다. 실제로 그는 이른 아침부터 밤까지 규칙적인 일과를 보내며 자기관리를 잘했던 것으로 유명하다. 사람들이 대부분 나이가 들거나, 증세가 나타나야 건강관리에 들어가는 것을 지적하며, 하루 두 시간씩 적극적인 운동과 식이요법 등으로 자신의 건강 상태를 챙기고 돌봐야 한다고 강조한다.

운동이라면 나도 수년 전부터 잘 맞는 종목 하나를 정해서 꾸준히 해 보려고 이런저런 시도를 많이 했었다. 『오체투지』같은 108배에 관한 책들을 읽고 감명을 받아 108배를 해 보았지만 끊기가 부족했는지 작심삼일만 몇 번 반복하다 중단했고, 대작가 무라카미 하루키처럼 달리기를 해 볼까도 했지만 역시 책만 재미있게 읽고 끝나버렸다. 이런저런 운동유목민 생활 끝에, 겨우 정착한 지 3년째 되는 운동이 발레가 되었다. 지인들이 하는 운동도 수영, 요가, 골프 등 다양한 걸 보면 누구나 자기한테 맞는 운동이 따로 있는 것 같다. 발레는 나이 들수록 뻣뻣해지는 몸에 머리끝부터 발끝까지 전류를 흘려보내듯 유연함을 불어 넣는다. 동작이 하나하나 세심하고 정확할수록 거울에 비친 모습이 아름답고, 음악과 함께 발레를 하는 그 시간만큼은 오직 자신에게만 집중하게 되는 매력이 있다. 쇼펜하우어의 말처럼 운동으로 다져진 체력이 명랑함으로까지 이어지는 작은 계기가 되고 있는지는 모르겠지만 말이다.

* * *

쇼펜하우어가 볼 때 가장 행복한 혜택을 누릴 수 있는

사람은 '탁월하고 풍부한 개성, 특히 뛰어난 정신'을 지닌 사람이다.

정신력이 압도적으로 우세한 사람은 생각이 매우 풍부해, 언제나 활기차고 의미 있게 생활한다. 몸 바쳐 일할 가치 있고 재미있는 대상이 있다면 그런 일에 종사하겠지만, 그는 자체적으로 가장 고상한 향유의 원천을 지니고 있다. (『쇼펜하우어의 행복론과 인생론』 42쪽)

그가 말하는 뛰어난 정신의 소유자가 되려면 일신상의 편안함을 추구하는 우리의 실제 생활 외에도 나름의 지적인 생활을 영위해야만 한다. 정신적으로 탁월한 사람은 다른 사람보다 "배우고 보고 연구하고 명상하고 연마하려는 욕구"와 함께 "자유로운 여가"를 가지려는 욕구가 더 큰 사람이다. 이런 사람에게 개인적인 생활은 그저 매일같이 반복하는 단순한 수단에 불과하다. 지적인 생활은 인식과 연륜이 더해짐으로써 꾸준히 향상되어 간다. 그렇다고 먹고사는 문제를 뒷전으로 미루라는 말은 아니다. 쇼펜하우어는 건강 다음으로 우리에게 자연스럽고 불가피한 수단이 돈이며, 자기 내부의 견실한 자산과 함께 실제 생활을 더 활기차도록 만들어 준다고 분명히 말했다.

정신과 내면을 강조한 만큼 독서도 엄청 권장했을 것 같지만, 독서에 관해 그가 충고하는 내용들은 좀 의외다. 우선 책을 읽으면서 저자가 밟았던 생각의 과정을 더듬기만 하면 스스로 생각하는 힘을 잃게 된다고 일침을 가하는데, 항상 탈것에 의존하면 걸어 다니는 힘을 잃게 되는 것과 마찬가지라는 비유를 들었다. 독서를 하더라도 자기만의 고유한 사색이 꼭 필요하다는 뜻이다.

지나치게 많이 읽는 것도 권장하지 않았다. 오히려 음식을 지나치게 많이 먹으면 위장이 병들듯이 정신적인 음식도 너무 많이 먹으면 영양과잉으로 질식할 수 있다고 충고한다. 또한 우리의 정신은 칠판과 같아서 많이 읽을수록 흔적을 남기지 않고 사라져 버리니까 정해진 양만큼 알맞게 읽으라고 조언하기도 한다. 보통의 음식을 우리가 섭취해도 활동으로 사라지고 일부만 영양분으로 남듯이 정신적인 음식물도 우리에게 남는 것은 일부라는 말은 나의 경험상으로도 충분히 이해된다.

요즘 들어 "유일하게 현실적인 이 시간을 될 수 있는 한 즐겁게 보내도록 해야 한다"라는 쇼펜하우어의 조언을 자주 떠올린다. 매일 쳇바퀴를 돌리며 살아내기 급급하다가 어느 날 거울 속에서 낯설게 변해버린 자신을 발견하면 어떤 마음이 들까? 지금 이 순간, 오늘 이 하루도 내 인생 전체를 구성하는 한 부분이라고 생각하면 새삼스레 모든 것이 귀하고 소중하다. 그런 의미에서 가끔 자신의 인생 설계도를 떠올려 보는 것이 유익하다고 쇼펜하우어도 말한다.

되도록 하고 싶은 일을 미루지 않고, 만나고 싶은 사람을 만나고, 머물기만 해도 힐링이 되는 곳도 자주 찾아가면서 그럴 때마다 맛보게 되는 달콤한 즐거움을 누리며 살아가려 한다. 그러다 보면 적어도 인생의 어느 시기마다 찾아온다는 신경증적 증후군이나 공허함에서는 자유로울 수 있지 않을까.

* * *

타인에 대한 태도, 인간관계에 대한 쇼펜하우어의 철학은 일단 "행동에 조심하고 아량을 베푸는 것이 필요하다"라는 것이다. 매사에 말이나 행동에 주의를 기울이면 손실을 막을 수 있고, 아량을 베풀면 다툴 일이 없다고 한다.

그러기 위해서 가장 필요한 것은, 가장 쉽지 않은 일일 테지만 타인의 고유한 특성을 인정하는 태도가 아닐까 한다. 쇼펜하우어는 그러다 개성이 고약한 사람을 만나면 괴테의 말처럼 "그런 괴상한 녀석도 있어야겠지요"라고 생각하면 된다고 쿨하게 말한다.

왜냐하면 상대의 본래적인 개성, 즉 그의 도덕적 성격, 그의 인식능력, 기질이나 인상 등은 아무도 바꿀 수 없기 때문이다. 그런데 우리가 그 사람의 본질을 완전히 부정한다면 그는 우리를 철천지원수로 생각하고 싸울 수밖에 없을 것이다. (『쇼펜하우어의 행복론과 인생론』 160쪽)

상대의 개성을 부정하고 변하기를 바라면서 생사를 건 싸움을 할 필요가 전혀 없다. 알고 보면 우리는 너나 할 것 없이 너무 연약하고 불완전한 존재가 아니던가. 어쩌면 죽어서 무덤 가기 직전까지 그 불완전함을 유지한 채 눈을 감을지도 모른다. 그렇다면 또 다른 불완전한 인간에 대한 아량은 사람에 대한 스트레스를 줄이고 대인관계를 개선할 수 있는 자체 해결 방법이 될 수도 있다. 쇼펜하우어는 "인간은 원래 자기 자신과만 완전히 융화"할 수 있다고 했지만 사람에게 상처도 받고 힘들면서도 반대로 사람 덕에 위로받고 힘을 내기도 하는 것이 우리니까 말이다.

"모든 범위를 제한해야 우리가 행복해진다"는 쇼펜하우어의 말은 평소에 내가 늘 하고 있던 생각과 같기에 이 부분을 볼 때마다 반갑다. 동서양의 철학서를 보다 보면 에피쿠로스, 헨리 데이비드 소로, 노자, 법정 스님 등등 세상의 현자들은 모든 면에서 확장하고 떠벌리는 삶보다 소소하게 수렴하는 삶을 살고 있었다.

무료함을 야기하지 않는 범위 내에서 여러 관계를 될 수 있는 한 극도로 단순화하고, 심지어 생활방식을 극히 단조롭게 해야 행복해진다. 그래야만 삶 자체와 삶에 필수적으로 따라다니는 부담이 적게 느껴진다. 그런 생활은 냇물처럼 파도도 소용돌이도 일으키지 않고 유유히 흘러간다. (『쇼펜하우어의 행복론과 인생론』 130쪽)

언제부턴가 나도 단조로움을 사랑하고 추구하게 되었다. 비록 일상은 온갖 의무들에 둘러싸여 있어 챙기고 애써야 할 일들로 가득가득하지만, 주어진 현실 내에서 작은 것부터 얼마든지 할 수 있는 일이 단순하게 만드는 일이다. 분신처럼 들고 다니는 휴대전화 하나만 하더라도 정리할 것이 얼마나 많은가. 연락처 목록, 카카오톡 대화방, 다운받은 문서, 분량이 누적되고 있는 사진 등등… 새해에 연중행사로 연락처 목록을 정리한다는 사람들도 있듯이 단조로워지고 나면 그만큼 홀가분하게 된다.

나는 가족의 먹거리를 책임지는 냉장고도 휑하다 싶을 정도로 단조로운 상태를 늘 유지한다. 식재료를 많이 사서 재어두면 상하기 전에 얼른 해 먹어야 한다는 고뇌가 따른다. 머릿속에서 다 기억할 정도의 분량만으로 냉장고를 채우면 버릴 염려가 없고 절약도 되니 일석이조다. 살림과 생활방식이 단조로워지면 무미건조해지는 것이 아니라 마음의 여유, 시간적인 풍요로움이 따른다.

우리 인생에서 벌어지는 일에 대한 쇼펜하우어 최대의 위로를 나는 이 말이라고 생각한다.

인간의 삶은 어떤 형태를 띠고 있더라도 언제나 같은 요소를 지니고 있다. 그 때문에 오두막이든, 궁정이든, 수도원이든, 군대든 어디서나 본질적으로는 같은 삶이다. 삶에서 일어나는 일은 모험이든, 행운이나 불행이든, 아무리

다양한 형태를 띠고 있다 해도 과자와 같은 것이다. 과자의 형태나 색깔이 아무리 다양하다 해도 모든 것은 하나의 반죽으로 만들어져 있다. (『쇼펜하우어의 행복론과 인생론』 183쪽)

세상에는 부러워할 사람도 시기할 사람도 없다. 나는 그저 내 나름의 과자를 만들어 가는 것일 뿐이다.

10

인간이면 인간다움을
잃지 말아야
- 공자 -

"지혜로운 자는 미혹되지 않고,
인덕한 자는 근심하지 않으며,
용기 있는 자는 두려워하지 않는다."

명망 있는 사람들의 인생 책으로도 자주 거론되는 고전 『논어』에 대한 인상은 학창 시절 재미 삼아 읊조리던 구절로 거슬러 올라간다. "배우고 익히니 즐겁지 아니한가"(學而時習之 不亦說乎 학이시습지 불역열호)라며 공부가 즐거움이라고 칭송하니, 그게 강렬했던지 뒤이어 나오는 "벗이 먼 곳으로부터 오니 즐겁지 아니한가"(有朋自遠方來 不亦樂乎 유붕자원방래 불역락호)까지 연결해 적재적소에 언급하기도 했을 만큼 이 말의 주인공인 공자에 대한 기억이 꽤 유쾌하게 남아있다.

그러나 시간이 흐르고 세상도 많이 변한 요즘, 산다는 것이 전쟁만큼이나 치열한 현대 자본주의 사회에서 공자의 존재감은 그리 달갑거나 친근하지 않아 보인다. 오히려 너무 근엄해서 혹여 누가 "공자 왈"하고 말이라도 꺼낸다면 대번에 고리타분한 사람 취급을 받게 될지도 모르겠다. 자신의 가르침이 점점 굳은 화석처럼 되어간다 하더라도, 항상 배움을 중요하게 여겼던 공자는 아랑곳하지 않고 이렇게 말할 것이다.

"배우기만 하고 생각하지 않으면 미혹되고, 생각하기만 하고 배우지 않으면 위태롭다."

子曰: "學而不思則罔, 思而不學則殆."
자왈: "학이불사즉망, 사이불학즉태."

인간이라면 배우고 사색하는 삶 어느 하나 소홀히 하지 않고 살아야 편견에 빠지지 않고 균형 잡힌 삶을 살 수가 있다는 공자의 현실적인 조언이다. 공자의 말과 그가 제자들과 나눈 대화, 제자들의 어록 등을 엮은 논어는 스토리가 연결되는 것이 아니라서 잠깐 시간을 내어 한두 편만 읽어도 읽은 만큼의 영감을 얻을 수 있는 가성비 좋은 책이다.

물론 공자는 MBTI가 ESFJ로 추측된다는 설이 있을 정도로 한없이 진지하기 때문에 논어 어디에도 농담과 유머라고는 찾아볼 수 없지만, 대신 친절하면서도 어진 그의 목소리는 수시로 해이해지려는 마음, 남을 의식하려는 마음, 누군가가 미워지려는 마음을 되돌리는 데 분명 도움이 된다.

논어는 각 편의 제목이 그 장의 첫 문장 첫 단어를 딴 형식으로 구성되어 있다. 학이시습지(學而時習之)로 시작하는 제1편의 제목이 '학이(學而)', 위정이덕(爲政以德)으로 시작하는 제2편의 제목이 '위정(爲政)'인 식이다. 공자의 입장에서 보면 논어는 공부와 수양을 통해 도덕적으로 완성된 통치자가 나라를 공명정대하게 다스리는 방법론까지도 제시하고 있는 지침서이지만, 우리처럼 평범한 개인이 일상의 철학으로 보는 논어는 인간답게 잘 산다는 것이 어떤 것인지를 알려주며 수시로 몸과 마음을 추스르도록 하는 자기 수양의 길잡이 같은 책이다.

공자 스스로도 "나는 태어나면서부터 곧 만사를 안 것이 아니고, 옛것을 좋아하여 성실하게 노력하여 그것을 구한 자이다"라고 말한 것처럼, 그 역시 순탄치 않은 인생 여정을 거치며 스스로가 뜻한 바를 다 펼치지 못한 사람이었지만 공부와 수양을 통해 성인의 삶을 이루어 내었다.

* * *

춘추전국시대 노나라에서 태어난 공자는 출신은 귀족이었다고 하나 몰락한 집안이라 가난했고 3세 때 어버지를 여의는 바람에 비천한 일을 하며 어머니와 어렵게 살았다. 이후에 걸어온 길은 우리도 잘 알고 있다. 공자는 열다섯 살에 학문에 뜻을 두었고, 서른 살에 자립을 하였으며, 마흔 살에는 어떤 유혹에도 흔들리지 않는 불혹의 경지에 이르렀고, 쉰 살에는 천명을 알았으며, 예순 살에는 어떤 말을 들어도 거슬리지 않았다. 그리고 일흔 살에는 마음이 하고자 하는 바대로 하여도 법도를 넘지 않았다.

공자는 '이립(而立)'의 나이 30세부터 제자들을 가르쳤다. 노나라에서 벼슬을 한 적은 있지만 통치자의 무능과 정의롭지 못한 정치에 대한 실망으로 관리를 그만두고 몇몇 제자들과 함께 14년 동안이나 여러 나라를 돌아다니는 천하주유(天下周遊)를 한다. 공자는 자신의 이상을 실현할 기회를 찾아 여러 제후를 찾아다니며 유세를 했지만 뜻을 이루지 못했고, 결국 68세의 나이에 노나라로 돌아와 제자들을 양성하는 일에 전념하게 된다.

제자들을 가르치는 데 있어 신분을 따지지 않았고 '한 다발의 마른고기 묶음' 정도의 비싸지 않은 수업료를 내기만 하면 누구든 제자로 받아들였던 공자는 통치자들에게도 모든 사람들에게 똑같은 교육을 베풀라고 요구하기도 했다. 공자의 제자는 3천여 명이었고 지도자급의 뛰어난 제자도 70여 명이나 되었다. 이들은 육예(六藝)라고 하는 공자의 학문을 두루 섭렵한 정통 제자 그룹이다. 육예란 공자가 만든 커리큘럼으로 예(禮, 예의), 악(樂, 음악), 사(射, 활쏘기), 어(御, 말타기), 서(書, 글쓰기), 수(數, 수학) 등을 말하는데 오늘날의 개념으로 보면 지덕체를 아우르고 문무를 겸비할 수 있는 교육이었다고 볼 수 있다.

인간적으로 공자가 어떤 사람인지는 "묵묵히 되새기고 공부에 염증을 느끼지 않으며, 가르치는 데 게을리하지 않는 것, 이를 행하는 데 내게 무슨 어려움이 있겠느냐"라는 말에서 짐작해 볼 수 있다. 내가 볼 때 공자는 공부중독자에 가깝다. 논어 곳곳에서 공자의 못 말리는 공부 사랑이 발견된다.

공자가 말했다. "내 일찍이 종일토록 밥을 먹지 않으며 밤새도록 잠을 자지 않고서 이리저리 생각했으나 결국 유익함이 없었다. 역시 학습하는 것만 같지 못하다." ('위령공' 307쪽)

子曰: 吾嘗終日不食, 終夜不寢以思, 無益, 不如學也.

자왈: 오상종일불식, 종야불침, 이사, 무익, 불여학야.

공자가 말했다. "학문을 할 때는 스스로 충실하지 못하다고 여기며 계속 노력해야 한다." ('태백' 157쪽)

子曰: 學如不及, 猶恐失之.
자왈: 학여불급, 유공실지.

학문에 관한 한 이 부분 못지않게 유명한 말이 자신을 위한 공부라는 위기지학(爲己之學), 자기를 드러내어 남에게 보이기 위한 위인지학(爲人之學)이다. 공자의 공부는 오늘날 우리가 어떤 목적을 갖고 하는 것과 달리 자기 수양과 성장을 위한 위기지학인 것이다. 따라서 학문의 태도에 있어서도 "아는 것을 안다고 하고, 모르는 것을 모른다고 하는 것, 이것이 아는 것이다"라며 남을 의식하기보다 자신에게 떳떳할 것을 제자들에게 강조했다.

* * *

논어를 읽다 보면 종종 놓치고 싶지 않은 문장을 만날

때가 있다. 한때 '공자 어록'이라고 따로 이름을 붙인 노트에 원문까지 꼼꼼하게 필사해 보기도 했는데, 남이 초역해 준 것이 아니라 내가 직접 선별한 문장을 수집해 놓았기에 의미도 있고 가끔 들춰보면 재미도 있다. 사람마다 취향이 다르니 같은 책을 읽어도 감화를 받는 부분이 다를 수 있지만 내 기준은 '짧고 강렬한 메시지'이다. 예를 들면 이런 것이다.

공자가 말했다. "남이 자신을 알아주지 못함을 걱정하지 말고, 내가 남을 알지 못함을 걱정해야 한다." ('학이' 30쪽)

子曰: 不患人之不己知, 患不知人也.
자왈: 불환인지불기지, 환부지인야.

공자가 말했다. "지혜로운 자는 미혹되지 않고, 인덕한 자는 근심하지 않으며, 용기 있는 자는 두려워하지 않는다." ('자한' 178쪽)

子曰: 知者不惑, 仁者不憂, 勇者不懼.
자왈: 지자불혹, 인자불우, 용자불구.

논어에는 '군자'라는 단어가 백 번 넘게 등장한다. 예전에는 군자라는 존재가 나와 너무 거리가 먼 사람 같아서 남의 이야기처럼 읽기도 했지만 지금은 생각이 조금 바뀌었다. 원래는 높은 벼슬을 가진, 주로 남자를 가리키는 말이 군자였다고 하는데 공자는 이상적인 인간상으로 군자를 이야기한다. 물론 그에 대비되는 인간은 '소인'이다. 그러니 나는 논어에 계속 등장하는 이 군자를 남녀불문하고 훌륭한 인격을 소유한, 누구나 닮고 싶은 인간의 모습을 지닌 존재로 이해하고 당연히 수련을 통해 누구든지 도달할 수 있는 인격체라고 해석한다. 논어에서 군자는 이런 사람이다.

공자가 말했다. "군자는 의(義)를 근본으로 하고, 예(禮)로써 행하며, 겸손한 말로써 표현하고, 신의로써 이뤄내니, 이것이 곧 군자로다." ('위령공' 301쪽)

子曰: 君子義以爲質, 禮以行之, 孫以出之, 信以成之, 君子哉.

자왈: 군자의이위질, 예이행지, 손이출지, 신이성지, 군자재.

군자와 소인을 비교한 대목은 "군자는 평탄하여 여유가 있고, 소인은 늘 걱정스러워한다"라든가, "군자는 오직 의(義)를 추구하고, 소인은 오직 이익(利益)을 추구한다"와 같이 그 차이가 더욱 적나라하다. 공자의 말을 바탕으로 그려보는 군자의 상은 외적인 모습과 내적인 마음이 조화를 이루는 아름다운 인간이다. 자신의 현재 모습이 군자에 가까운지 소인에 가까운지는 각자가 생각해 보면 그 판단이 어렵지 않을 것이다. 그렇다면 군자가 되기 위한 가장 중요한 덕목은 무엇일까?

 공자는 인간이 추구해야 하는 가장 궁극적인 덕목을 '인(仁)'이라고 보았다. 공자 철학의 핵심이 인이다. 그럼에도 인이 무엇인지를 단 한마디로 말하기는 아주 어렵다. 재미있는 것은 제자들이 인이 무엇이냐고 물을 때, 공자도 질문자의 특성과 상황에 따라 다르게 대답했다는 것이다. 그 정도로 인은 함축적이고, 다양한 방식으로 언급되었던 덕목이다.

 내가 가장 좋아하는 공자의 대답은 제자 번지가 인에 대해 물었을 때 "사람을 사랑하는 것이다"라고 한 것이지만, 이 단순한 답은 인이 내포하고 있는 여러 의미 가운데 하나일 뿐이다. 공자는 인이라는 개념을 통해 무엇을 말하고 싶었을까.

그는 "진실로 인으로부터 멀리에 있는가? 내가 인에 이르고자 한다면, 인은 곧 다가온다"라며 인은 일단 그것에 가까워지려는 노력과 실천으로 충분히 얻을 수 있는 것이라고 한다. 공자와 제자들이 나눈 대화를 통해 인은 더욱 선명해진다.

자장이 공자에게 인(仁)을 여쭙자, 공자가 말했다. "능히 다섯 가지 덕을 천하에 실행할 수 있으면 그것이 곧 인이다." 자장이 가르침을 청하니, 공자가 대답했다. "공경함(공, 恭), 너그러움(관, 寬), 믿음(신, 信), 성실함(민, 敏), 베풂(혜, 惠)이니, 공경하면 곧 모욕을 받지 않고, 너그러우면 곧 여러 사람들의 도움을 얻게 되고, 믿으면 곧 다른 사람에 의해 기용되며, 성실히 노력하면 곧 공을 세우게 되고, 베풀면 곧 사람들에게 도움을 청할 수 있게 된다." ('양화' 335쪽)

子張問仁於孔子. 孔子曰: 能行五者於天下, 爲仁矣. 請問之. 曰: 恭寬信敏惠. 恭則不侮, 寬則得衆(자장문인어공자, 공자왈: 능행오자어천하위인의. 청문지. 왈: 공관신민

혜. 공즉불모, 관즉득중).

**信則人任焉, 敏則有功, 惠則足以使人.
신즉인임언, 민즉유공, 혜즉족이사인.**

공자가 제자 자장의 질문에 답하는 이 부분은 인의 실천을 이야기한다. 조목조목 인간이 가져야 할 덕목을 열거하고 있는데 매우 구체적이고 실천적이다. 자장은 급진적이고 정치에 관심이 많은 제자였기에 공자가 맞춤형으로 인을 설명한 것이라고 한다. 자로의 물음에는 이렇게 답했다. "강하고 굳세며, 소박하고 어눌(語訥)함이 인(仁)에 가깝다."

반면 인과 거리가 먼 사람에 대해서는 "화려한 미사여구를 늘어놓고 용모가 빼어난 자들이 인덕(仁德)한 경우는 드물다"라고 했을 정도로 가식적인 얼굴로 듣기 좋은 말만 하는 것, 즉 진실하지 못한 모습은 인과 거리가 멀다고 했다. 혼란했던 춘추 시대에 인륜의 도가 사라지자 도덕을 바로 세우는 것이 무엇보다 중요하다고 여겼던 공자의 인 사상은 유학의 중심 사상이기도 하다.

인을 실현하기 위한 수단은 예(禮)이다. 그 유명한 극기

복례(克己復禮)도 '자기를 극복하고 예로 돌아가는 것'을 말한다. 공자는 "공손하되 예의(禮儀)가 없으면 헛수고일 뿐이고, 신중하되 예의가 없으면 유약하며, 용기가 있되 예의가 없으면 어지럽고, 솔직하되 예의가 없으면 각박하고 남을 해치게 된다"라며 예의를 강조했다.

* * *

논어의 '위정(爲政)'편이 요즘처럼 와 닿은 적이 없다. 이 책을 쓰는 동안 우리나라 대통령이 탄핵되었으며, 불안정한 정치 상황과 무정부 상태와 같은 혼란기를 거친 뒤 새로운 대통령을 국민의 손으로 다시 뽑았다.

시민의 한 사람으로서 참정권 행사는 당연하고, 그 이전에 눈앞에 벌어진 정치 상황을 제대로 통찰하는 힘과 올바른 지도자를 판별하는 안목이 얼마나 중요한지를 값비싼 수업료를 물어가며 알게 한 사건이었다. 진실을 호도하는 유튜브나 언론, 사이비 종교 단체조차 현명하게 걸러내는 능력을 개개인이 갖고 있지 않으면 안 되는 세상이 되었다. 또한 나이 들어갈수록 극단적인 세력에 휩쓸리지 않으려면, 알을 깨고 나오듯이 과거 세뇌에 가까울 정도로 강요되던 편향된 사고에서도 벗어나야만 한다.

공자는 "덕으로써 정치를 하는 것은 마치 북극성이 자기 자리에 머물러 있고, 여러 별들이 그를 에워싼 모습과도 같다"라고 한다. 언제 봐도 기분 좋아지는 문장이다. 추상적인 말 같지만 권력을 행사할 때 정치력이 기본 자질이라면, 덕성을 바탕으로 통치하는 덕치는 그보다 이상적인 모습이라고 보았다.

잘 알려진 것처럼 통치자는 또 나라를 다스리기 전에 자기 자신을 먼저 다스릴 줄 알아야 한다고 공자는 말했다. '대학'에 나오는 수신제가치국평천하(修身濟家治國平天下)이다. 자신을 다스리고, 가정을 다스리고 난 후 나라를 다스리고, 나아가 천하를 평정할 수 있다는 것인데 그중에도 자신의 몸과 마음을 닦아 인간으로서의 품격을 갖추는 수신(修身)이 가장 먼저다.

계강자가 공자에게 정치를 묻자, 공자가 이렇게 대답했다. "정치란 올바르다는 뜻이니, 당신께서 올바름으로써 솔선수범한다면 누가 감히 올바르지 않겠습니까?" ('안연' 231쪽)

季康子問政於孔子, 孔子對曰: 政者正也, 子帥以正, 孰敢不正

계강자문정어공자, 공자대왈: 정자정야, 자수이정, 숙감불정.

공자는 위정자의 신념은 올바름을 지향해야 하고 이를 통해 나라를 바르게 다스려야 한다고 했다. 제나라의 군주인 경공이 공자에게 정치에 대해 물었을 때 "임금은 임금다워야 하며, 아버지는 아버지다워야 하며, 자식은 자식다워야 한다"라고 공자가 간단히 답했다. 군군신신부부자자(君君臣臣父父子子)이다. 정치의 기본은 모두가 각자의 본분을 다하는 데 있다고 본 것인데, 당시 제나라의 경공이 무능하고 원칙 없는 정치를 하고 있었던 데다 군신과 부자간의 도리가 무너지는 혼란한 세태를 지적하고 염려한 말이기도 하다. 법으로 강제하기보다는 각자가 이름에 걸맞는 역할을 잘 해내면 정치는 저절로 돌아간다는 것이 그 유명한 '정명론(正名論)'이다.

* * *

중용에서 공자는 "인이란 곧 인간다움을 뜻한다"라고 말하고 있다. 그리고 인간다운 인간이 되는 것은 결국 우리 자신에게 달려 있다고 보았다. 그는 인간의 본성은 서로 비슷하지만 어떤 학습과 수양이 이루어지느냐에 따라서 현저히 다른 사람이 되기 마련이라고 했고, 잘못을 알고도 고치지 않는 것은 더 큰 잘못이며, 사람이 나이가 사십이 되어도 악습을 버리지 못하면 그 인생은 끝장난 것이라는 따끔한 말도 남겼다.

AI시대, 모바일 문명으로 전자기기에 대한 의존도가 나날이 높아져만 가는 이런 세상일수록, 어떤 경우에도 인간이라면 인간다움을 잃지 않아야 한다는 공자의 목소리는 모두를 위한 현실적인 대안이 되지 않을까 생각해 본다.

11

사랑은 훈련이 필요한 기술이다
- 에리히 프롬 -

"만일 내가 참으로 한 사람을 사랑한다면
나는 모든 사람을 사랑하고 세계를 사랑하고
삶을 사랑하게 된다."

연인에게 줄 장미꽃을 꺾다가 가시에 찔린 것이 화근이 되어 죽음을 맞은 시인 라이너 마리아 릴케는 사랑에 대해 이렇게 말했다. "사람과 사람이 서로 사랑한다는 것, 그것은 우리에게 부여된 가장 어려운 일일지도 모릅니다. 그것은 궁극적인 마지막 시련이고 시험이며 과제입니다."

릴케의 말처럼 몸소 겪어봐야 아는 인간의 수많은 일 가운데 필연적으로 행복과 좌절을 함께 맛볼 수밖에 없는 일이 사랑 아닐까. 오랜 시간을 두고 누군가에게 스며들 듯 사랑에 빠지기도 하지만 어느 순간 갑자기 찾아오기도 하는 것이 사랑이다 보니, 누구라도 그에 대한 예습이 필요하다던가 공부와 철학이 있어야 한다는 생각을 하기는 어렵다.

사랑은 운명처럼 느닷없이 찾아오는 '감정'이라고 굳게 믿었던 2030 시절의 나 역시 에리히 프롬(1900~1980)의 『사랑의 기술』을 읽을 때면, 사랑에 관한 책인데 왜 이리 낭만이 없을까라는 생각을 하곤 했다. 하지만 이후에도 사랑을 주제로 한 철학서로 이 책을 대체할 만한 것을 만나지 못했고 읽을수록 새로우며, 어쩌면 오늘 이 시점에도 이렇게나 요긴할까 싶은 생각으로 종종 펼친다.

사실상 사랑에 대해 말하는 것은 '설교'가 아니다. 그것은 모든 인간 존재의 궁극적이고 현실적인 욕구에 대해 말하는 것이기 때문이다. (『사랑의 기술』 177쪽)

'The art of loving'이 원제인 책은 연인에 대한 사랑뿐만 아니라 모성애와 형제애 등등 세상에 존재하는 사랑의 종류를 망라해 놓고 그 의미를 생각해 보게 한다. 그리고 무엇보다 나는 "인간 실존의 모든 고난에 대한 단 하나의 만족할 만한 해답이 바로 사랑"이라는 프롬의 말이 앞으로도 영원할 진리이지 않을까 하는 생각을 한다.

* * *

프롬은 우리에게 대뜸 질문부터 던진다. "사랑은 기술인가?", "누구나 겪게 되는 즐거운 감정인가?" 대부분의 사람들이 사랑은 즐거운 감정이라고 믿고 있지만 프롬은 사랑이 기술이라고 미리 말해 두고 사랑할 줄 아는 능력을 얻기 위해서는 그만한 지식과 노력이 필요하다는 것과, 스스로 도달한 성숙도가 사랑의 중요한 요건이라는 논리를 펼쳐나간다.

사랑도 능력이고 기술이라는 프롬의 철학이 이제는 매우 수긍이 간다. 그가 사랑의 능력을 주제로 책을 쓴 거의 최초의 학자여서만이 아니라, 그 역시 사랑의 능력을 타고나지는 않았던 한 인간으로서 숱하게 사랑의 기쁨과 좌절을 경험한 사람이기 때문이다. 오죽했으면 "사랑처럼 엄청난 희망과 기대 속에서 시작되었다가 반드시 실패로 끝나고 마는 활동이나 사업은 찾아보기 어려울 것"이라는 의미심장한 말을 남겼을까.

사랑을 뿌리 깊이 갈망하면서도 사랑 이외에 거의 모든 일, 곧 성공, 위신, 돈, 권력이 사랑보다도 더 중요한 것으로 생각되고 있다. 우리의 거의 모든 정력이 이러한 목적에 사용되고 거의 모든 사람이 사랑의 기술은 배우려고 들지 않는다. (『사랑의 기술』 18쪽)

진정한 사랑을 하고 싶다면 우선 사랑의 능력을 획득하는 것이 중요하고도 어려운 일임에도 사람들이 사랑을 배워야 할 것이라고 생각하지 않는 이유는 프롬이 보기에, 사람들이 사랑하기보다는 사랑받기 위한 노력에 치중하기 때문이다. 그러기 위해 성공을 추구하고 외모를 가꾼다. 또 다른 이유는 사랑하기는 쉬운데 그 대상을 발견하기가 어려울 뿐이라는 착각이다. 나의 능력과 무관하게 최고의 대상을 만나면 자연히 사랑에 빠질 수 있다고 생각한다는 것이다. 이외에도 프롬은 특히 성적 매력에 이끌려 갑자기 친밀해진 형태의 사랑은 오래 지속하기 어렵다고 단언한다.

그는 우리가 삶이 기술인 것과 마찬가지로 '사랑도 기술'이라는 것을 깨닫고 어떤 기술을 배울 때와 마찬가지의 단계를 거쳐야 한다고 주장한다. 놀랍게도 프롬 못지않은 사랑의 경험을 가진 릴케 역시 "사랑이란 무턱대고 덤벼들며 헌신하여 다른 사람과 하나가 된다는 뜻은 아닙니다. 아직 깨닫지 못한 사람과 미완성인 사람 그리고 무원칙한 사람과의 만남이 도대체 무슨 의미가 있겠습니까?"라며 사랑에 있어 개인적인 성숙도와 연습의 필요성을 언급했다.

* * *

프롬은 사랑에 대한 이론이 '인간 실존론'으로부터 출발해야 하는 이유에 대해 "인간이 자연으로부터 분리된 고독한 존재이기 때문"이라고 말한다. 인류 역사 초기에 자연의 일부나 마찬가지였던 인간은 그 원초적 결합에서 점점 벗어남으로써 자연의 세계에서 분리되었고, 유아기에는 어머니와의 일체감을 느끼지만 성장하면서 점차 분리되어야만 한다. 그런데 인간은 '이성'을 지닌 존재다 보니 분리가 되어 있는 자신을 인식할 뿐 아니라 생명의 덧없음, 죽음, 자연과 사회의 힘 앞에서 무력함을 인식하고 불안과 고독을 느낀다. 그리고 어떻게든 이러한 분리 상태를 극복하고 '고독이라는 감옥'을 떠나 새로운 합일을 이루고 싶어 한다. 프롬은 이것이 인간의 가장 절실한 욕구라고 보았다.

인간은 어떻게든 분리 상태의 고독에서 벗어나기 위해 '진탕 마시고 떠드는 상태'를 선택해 버리기도 한다. 알콜 중독이나 마약 중독, 성적 흥분 같은 '도취적 합일'이다. 그러나 뻔히 보이는 것처럼 도취적 합일은 난폭하고 일시적이며 결과적으로도 분리감을 더 증대시킬 뿐이다. 사람들이 가장 자주 채택하는 합일의 형태인 '집단과의 합일'은 신앙이나 관습의 일치에 바탕을 둔 것으로 자신이 어느 집단에 소속됨으로써 고독으로부터 벗어나려는 것이다. 이는 난폭하지는 않지만, 냉정하며 관례에 따라 지시되기 때문에 불안을 진정시키기에 충분하지는 못하다.

'창조적 활동'을 통한 합일도 있다. 목공이든 금세공이든 창조하는 자는 그 작업을 하면서 자료와 같은 외부 세계와 결합한다. 하지만 이것은 인간과 인간의 결합이 아니라 일시적이고 불완전하다. 프롬은 또 '공서적 합일' 같은 미숙한 형태에 대해서도 말해 둔다. 피학대 음란증인 마조히즘, 가학성 음란증인 사디즘 같은 것인데 역시 매우 비정상적이고 위험한 방식이다.

그렇다면 프롬이 생각하는 진정한 사랑은 무엇일까. 그는 "자신의 통합성 곧 개성을 유지하는 상태에서의 합일"이라는 명언을 남겼다. 그리고 성숙한 사랑만이 분리감과 고독을 극복할 수 있는 유일한 방법이라고 강조한다.

사랑은 인간에게 능동적인 힘이다. 곧 인간을 동료에게서 분리하는 벽을 허물어 버리는 힘, 인간을 타인과 결합하는 힘이다. 사랑은 인간으로 하여금 고립감과 분리감을 극복하게 하면서도 각자에게 각자의 특성을 허용하고 자신의 통합성을 유지시킨다. 사랑에서는 두 존재가 하나로

되면서도 둘로 남아 있다는 역설이 성립한다. (『사랑의 기술』 38쪽)

    사랑은 결코 수동적인 감정이 아니라 일종의 '활동'이며, 적극적으로 참여하는 것이고, 흔히 들어보았듯이 받는 것이 아니라 주는 것이라고 프롬은 말한다. 그리고 이는 김남조 시인이 '너를 위하여'라는 시에서 '이미 준 것은 잊어버리고 못다 준 사랑만을 기억하리라'라고 표현한 것처럼 물질적인 것이라기보다는 인간적인 영역을 말한다. 남을 위한 생명의 희생을 의미하는 것이 아니라 자신의 생명에 깃든 관심, 지식, 기쁨과 슬픔 등을 표현하고 서로 교감하며 상대의 생동감도 저절로 끌어 올리는 것이 프롬이 말하는 좋은 사랑이다. 그래서일까. 한창 사랑에 빠져있는 사람은 자신도 모르게 외모에서도 광채가 나고, 한층 밝아진 에너지는 아무리 감추려 해도 티가 나기 마련이다.

* * *

    프롬의 사랑의 이론에 따르면 모든 사랑의 형태에는 언제나 보호, 책임, 존경, 지식 등의 공통된 기본 요소를 내

포하고 있다. '보호'에 대해서는 어머니가 자식을 보호하려는 행위가 절대적이며 무조건적인 것이라고 하면서 모성애라는 명백한 예를 든다. 사랑에는 '책임'도 따른다. 이것은 "전적으로 자발적인 행동"이며 사랑하는 사람의 문제를 나 자신의 문제로 여기는 태도이다. 또한 사랑에 '존경'이 없다면 앞에서 말한 책임 또한, 지배나 소유로 전락할 수 있다고 말한다. 요즘에 사랑의 초기 단계인 연인들이 서로 알아가는 중이라는 말을 하곤 하는데 프롬이 말한 사랑의 '지식'도 비슷한 의미로 여겨진다.

나는 이 모든 요소가 어우러져 있는 감동적인 소설 막스 밀러의 『독일인의 사랑』을 떠올려 본다. 얇고 작은 문고판으로 읽은 이 작품은 심장병으로 병상에 누워 지내는 여인을 깊이 사랑하면서 끝까지 아끼고 보호하고 존경하는 주인공의 마음을 시적인 문체로 그려내고 있다. "나는 당신을 사랑하지 않을 수 없기에 당신을 사랑하는 것입니다"와 같은 명문장도 가득한 소설이다.

나는 사랑하는 사람이 나에게 이바지하기 위해서가 아니라 자기 자신을 위해서 자기 나름대로의 방식으로 성장하고 발달하기를 바란다. 만일 내가 다른 사람을 사랑한

다면, 나는 그(또는 그녀)와 일체감을 느끼지만 이는 '있는 그대로의 그'와 일체가 되는 것이지, 내가 이용할 대상으로서 나에게 필요한 그와 일체가 되는 것은 아니다. (『사랑의 기술』 47쪽)

　분리 상태를 극복하려는 인간이 가지는 가장 보편적이고 생물학적인 욕구는 남성과 여성이 합일하려는 욕구이다. 신화에서처럼 남성과 여성은 본래 한 몸이었다가 두 몸으로 갈라졌기 때문에 반으로 나뉜 이들은 서로 끌릴 수밖에 없고, 다시 결합하려는 욕구에 따라 잃어버린 반쪽을 찾으려 한다.
　필요에 의한 사랑은 성숙하지 못한 사랑이며, 사랑하기 때문에 필요한 것이 성숙한 사랑이라는 프롬의 견해처럼, 참된 사랑을 할 수 있는 사람은 너무 자신에게만 빠져있거나 아니면 지나치게 남에게 의존적인 성향이거나, 남을 이용하려는 마음 등을 다 극복한, 우리가 생각할 때도 인간적으로 아주 괜찮은 사람인 것이다. 프롬의 사랑의 이론을 보면 결국 아름다운 사랑을 하기 위해서는 나 자신이 먼저 좋은 사람이어야 한다는 결론에 이르게 된다.

프롬의 사랑의 이론은 부모와 자식 사이의 사랑도 깊이 고찰한다. 그는 어머니의 무조건적인 사랑이 지복(至福)이며, 축복이요, 인생의 아름다움이라고까지 말한다. "어머니는 따뜻함이고, 어머니는 음식이며, 어머니는 만족과 안전의 유쾌한 상태다. 이 상태는 프로이트의 용어를 사용하면 자아도취 상태"이다. 반면 아버지와의 관계는 아주 다르다. 어머니는 아이를 낳은 자연이자 대지 같은 존재이지만 아버지는 생후 몇 년 동안 어린아이에게 미치는 중요성이 어머니와 비교도 되지 않는다고 보았다. 어느 정도 성장한 후에야 아버지의 사랑과 지도가 영향을 미친다. 그러므로 아버지는 권위적이기보다는 자식의 능력을 증대시켜 주어야 하며 이후 아버지로부터 떨어져 나가는 것을 허용해야만 한다고 프롬은 말한다.

프롬이 이렇듯 부모와 자식의 사랑을 비중 있게 다룬 이유는 "결국 성숙한 사람이 되려면 자신이 자신의 어머니가 되고, 아버지가 되는 단계에 도달하지 않으면 안 된다"는 말을 하고 싶어서다. 그는 한 인간이 정신적으로 건강하게 성숙하는 데 부모의 역할이 궁극적이며 거기에 모순이 생길 때 '신경증의 근본 원인'이 된다고 분석했다.

* * *

만일 내가 참으로 한 사람을 사랑한다면 나는 모든 사람을 사랑하고 세계를 사랑하고 삶을 사랑하게 된다. 만일 내가 어떤 사람에게 '나는 당신을 사랑한다'고 말할 수 있다면 '나는 당신을 통해 모든 사람을 사랑하고 당신을 통해 세계를 사랑하고 당신을 통해 나 자신도 사랑한다'고 말할 수 있어야 한다. (『사랑의 기술』 70쪽)

사랑을 경험한 많은 사람들이 공감할 듯한 말이다. 사랑은 이렇듯 특정한 사람과의 관계를 넘어 세계 전체와의 관계를 결정하는 태도라는 프롬의 말에 찬사를 보내고 싶다. 그에 따르면 사랑에 빠진 사람이 그 대상만을 사랑하고 그 외의 대상에 무관심하다면 그것은 일종의 확대된 이기주의이다. 사랑은 영혼의 힘이자 활동인 만큼 사랑할 대상을 찾았다고 그 밖의 일이 저절로 되는 것이 아니기에 사랑에 빠진 사람은 다른 사람과의 관계에 있어서도 변화된 태도를 보일 수밖에 없다.

프롬은 또한 사랑의 형태를 '형제애', '모성애', '성애(性愛)', '자기애', '신에 대한 사랑'으로 나누어 면밀하게 다루고 있는데, 특히 '모성애'를 언급할 때 어머니가 행복한 사람이어야 한다는 점을 강조하면서 어머니의 불안은 아이에게 감염된다는 점은 기억하도록 당부한다. 어머니를 바라보며 자라던 어린 시절을 떠올려도 그렇고, 어머니가 된 지금도 마찬가지로 어머니는 집안의 공기를 좌우하는 존재라는 생각을 한다. 아이들에게 미치는 영향이 너무 절대적이다.

  내가 재미있게 읽은 사랑의 형태는 '자기애' 부분이다. 프롬은 자기애를 이기심과 동일하게 생각하는 일반적인 신념을 반박한다. 그는 다른 사람에 대한 사랑과 우리 자신에 대한 사랑은 양자택일이 아니며, 자기 자신을 사랑할 줄 아는 사람이 다른 사람도 사랑할 줄 안다고 말한다. 무엇보다 자기 자신한테만 온통 관심이 있는 이기심과 자기애는 다르다. 프롬은 오히려 이기심과 자기애를 정반대의 것이라고 말한다. 이기적인 사람은 다른 사람을 사랑하지 못할 뿐 아니라 진정으로 자아를 돌보지 못하는 사람이다. 스스로를 사랑할 줄 아는 사람이 다른 사람을 제대로 사랑할 수 있는 것이다.

  프롬은 현대자본주의 사회에서는 인간도 경제적 교환가치에 의해 평가받고 대우받는다고 지적한다. "현대인의 주요 목표는 그의 기술, 지식, 자기 자신, 그리고 '퍼스낼리티라는 상품'을 다른 사람과 유익하게 교환하는 것"이다. 이런 상황에서 사랑도 공정하게 거래를 희망할 수 있는 '퍼스낼리티라는 상품'이 된다. 좀 지나친 거 아닌가 싶기도 하지만 이렇게 사랑이 없고 계산만이 존재하는 인간관계는 사랑의 실패를 불러올 수밖에 없다. 가치가 떨어진 상품이 외면을 당하는 것과 마찬가지 현상이다. 뿐만 아니라 미숙한 사랑과 사이비적인 사랑이 극성을 부리게 된다.

* * *

우리가 어떤 기술에 숙달하려면 삶 전체를 이 기술에 바치거나 적어도 이 기술과 관련시켜야 한다. 자기 자신이 기술 훈련의 도구가 되어야 한다. (『사랑의 기술』 151쪽)

프롬은 사랑의 기술 분야의 명장이 되려면 음악이나 건축, 그림, 공학 기술을 배우려고 할 때 거치는 과정 즉 일반적인 다른 기술을 습득할 때처럼 훈련과 숙달의 과정이 필요하며 그것은 전 생애를 통해 이루어져야 한다고 우리를 설득한다. 사랑은 천부적인 능력이 아니라 자기 성찰의 과정을 통해 얻을 수 있는 것이다. "사랑의 능력은 긴장, 각성, 고양된 생명력의 상태를 요구한다." 이러한 상태는 여러 가지 다른 생활 분야에서도 생산적이고 능동적인 방향을 취할 때만 생길 수 있다.

  자기 자신의 영혼과 육체를 성장시키는 활동을 꾸준히 하면서 고양된 생명력의 상태를 유지하는 것은 프롬이 말하는 사랑을 예비한 연습이기도 하지만 스스로의 삶의 질을 높이는 일이기도 하다.

12

지나치게 열심히 살지 않기
- 홍자성 -

"천지는 영원하나, 이 몸은 한 번뿐.
백 년도 채 안 되는 인생, 시간은 왜 그리도 빨리 가는지.
다행히 지금 살아있는 사람들아!
인생의 즐거움을 깨닫고 허송세월하지 말게나!"

아주 오래전 한때 동네 도서관에서 한나절씩 『채근담』을 읽곤 했었다. 육아가 한창일 때 아이들이 유치원 간 사이 휴식을 겸해 채근담을 읽으면 심신을 편안하게 하는 데 많은 도움이 되었다. 그리고 언젠가 다시 읽으려고 그때 읽었던 책과는 다른 출판사의 버전으로 한 권을 사 두었다가 얼마 전 다시 보게 되었다.

새로운 기분으로 꺼내든 『채근담』은 톤 다운된 연두색 바탕에 연꽃이 그려진 표지가 얼마나 예쁘던지 단지 그 이유만으로도 펼칠 때마다 기분이 좋아졌다. 이럴 때는 책의 물성도 참 중요하다는 생각이 든다. 우리처럼 종이책 좋아하는 사람들은 내용도 내용이지만 표지의 색감과 디자인, 바스락거리는 종이를 보고 만지는 감각적인 만족도 하나의 즐거움이기 때문이다.

책은 띠지도 아닌 표지에 '서양의 탈무드와 쌍벽을 이루는 동양의 최고 지혜서'라고 당당히 새겨 놓았다. 가독성을 위해서인지 친절하게 번역한 내용을 앞에 배치하고 원문은 뒤에 따로 싣는 방식으로 편집이 되어 있다. 독자의 입장에서는 아주 신선하고 본문에 대한 집중도 잘 되었다. 전에도 느꼈던 거지만 채근담은 역시 마음을 수양하고 여유롭게 처세하는 데 도움을 주는 책이다.

근심하고 부지런히 힘씀은 훌륭한 덕행이나, 과도하게 있는 힘을 다하면 마음을 즐겁고 상쾌하게 할 수 없다. 담박한 삶은 고매한 풍경이나, 지나치게 인정이 메마르면 남을 돕고 세상을 이롭게 할 수 없다. (『채근담』 27쪽)

'담박(澹泊)'이라는 말이 채근담에 자주 등장하여 찾아보니 '유유자적하며 명예나 이익을 탐내는 마음이 없음을 이른다'라고 설명하고 있다. 너무 지나치게 열심히 살지 말라는 채근담은 지금 이 순간에도 소위 '갓생'을 사는 사람들에게는 무슨 한가한 소리인가 싶기도 할 것이다. 하지만 저자는 하는 일마다 완전하게 하려고 하면 잡념이 어지럽게 일어나지만 마음을 편하게 갖고 일을 하면 비로소 만족감을 얻을 수 있다고 말한다.

또한 "어떤 일이든지 여유로운 마음을 남겨 둔다면, 조물주도 나를 시기하지 못할 것"이라며, 일할 때 과하게 완벽을 기하거나 최고를 추구하기보다는 여유롭게 즐기듯

하는 것이 더 좋은 태도라고 보았고, 사회생활을 할 때도 공로를 내세우려고 하기보다 실수하지 않는 것이 곧 공이라고 조언한다.

* * *

'사람이 나물 뿌리를 씹어먹을 수 있다면 모든 일을 해낼 수 있다'라는 의미가 담긴 채근담은 중국 명나라 말기 홍자성이라는 사람이 지었다. 이 사람에 대한 기록은 전해진 것이 없고 '설'만 있을 뿐이다. 운이 없었는지 입신출세하지 못했으며 오직 공부만 했다는 설, 온갖 고생을 하면서도 수양을 게을리하지 않았다는 설 등이다. 그래서인지 채근담을 읽다 보면 가난하지만 세속을 초월하고 인생을 달관한 듯한 선비의 모습이 말풍선처럼 계속 떠오른다. 또한 "달팽이 뿔 끄트머리만 한 세상에서 서로 잘났다고 겨룬들, 그 세상이 얼마나 되겠는가?"라는 말처럼 위트 있는 문장과 멋진 비유가 많아 풍자시처럼 읽는 맛도 있다.

성질이 조급한 사람은 타오르는 불길 같아서 만나는 대로 태워 버리고, 인정이 메마른 사람은 얼음장같이 매몰차

서 닥치는 대로 얼려서 해치며, 앞뒤가 꽉 막힌 사람은 고여있는 물, 썩은 나무와 같아 생기가 없으니, 이러한 사람들은 모두 큰 공적을 이루기도, 오래도록 복을 누리기도 어렵다. (『채근담』41~42쪽)

홍자성은 사람을 절기에 비유하기도 했다. 차가운 절기가 만물의 생기를 앗아가는 것처럼 냉정한 성품을 지닌 사람은 누리는 복도 희박하지만, 만물을 소생시키는 절기처럼 온화한 사람은 그에 따른 은택을 오래 누린다는 것이다. 뿐만 아니라 언행이 침착하고 착한 사람은 자는 동안에도 온화한 기운이 깃들지만, 잔인하고 흉악한 사람은 목소리와 웃음에도 살기가 서려 있다고 대비해서 말해준다. 사람됨이 진실하지 못하고 성실한 생각이 없으면 '거지나 다를 바 없다'는 등의 내용을 종합해 보면 채근담이 지향하는 인간상을 알 수 있다.

좁은 길에서는 한 걸음 양보하여 다른 사람을 먼저 가게 하고, 맛있는 음식은 조금 덜어 다른 사람에게 맛보게 하라. 바로 이것이 세상을 살아가는 가장 편안하고 즐거운 방법 중의 하나이다. (『채근담』22쪽)

채근담은 세상을 살아갈 때도 무조건 앞서가려고 하기보다 양보하는 것이 더 뛰어난 행동이라고 말하고 있다. 한 걸음 물러설 줄 모르는 거침없은 행동은 "불나방이 등불로 날아드는 것"에 비유한다. 하는 일이 거침없이 잘 풀릴 때도 사람을 대할 때 너그러워야 복이 되고 자신에게도 이롭다고 당부한다.

양보의 미덕을 모르는 건 아니지만 이러한 처세방식이 최선인가 하는 것은 당대의 현실을 좀 들여다보고 나면 이해가 된다. 채근담이 지어진 명나라 때는 황제의 권력은 막강한 반면 지식인들은 옳은 소리를 내지 못하는 시기였다. 부패한 권력에 아부하고 권모술수가 횡횡하던 혼란한 시대에 역시나 풍파에 시달렸던 홍자성은 오히려 마음가짐을 편히 하고 담담하게 사는 데서 사람 사는 도리를 찾았고 인간관계에 있어서도 남을 배려하며 원만하게 살아가는 것이 올바른 길이라고 말하고 있다. 물론 자신에게도 타인에게도 당당하고 떳떳한 태도를 전제한 것이다.

유교를 바탕으로 하고 있지만 불교, 도교까지 아우르는 문장들도 채근담이 갖는 특징이다. 유가의 다른 저서들처럼 채근담에도 '군자'가 등장하는데 짐작되는 것처럼 권모술수하고는 거리가 먼, 공명정대하고 재주는 깊으며 청렴

결백하고 세속적인 더러움에 물들지 않는 고결한 사람을 가리킨다. 심지어 군자의 마음을 '푸른 하늘과 밝은 해'에다 빗대고 있다. 또한 군자는 시련에 처해도 순리로 받아들이며 편안할 때도 위태로움을 생각할 줄 아는 사람이기도 하다.

수면은 물결이 일지 않으면 저절로 평온하고 거울은 먼지가 끼지 않으면 자연히 밝다. 그러므로 마음도 굳이 맑게 할 필요가 없으니 마음속의 번뇌를 없애면 본래의 맑음이 절로 드러나며, 즐거움도 굳이 찾을 필요가 없으니 괴로움을 없애면 즐거움이 절로 깃들인다. (『채근담』 66쪽)

불교의 향기가 물씬 난다. 홍자성에 따르면 애초 마음속에 망상이 없다면 자신의 마음을 살펴볼 필요가 없다. 우리가 볼 때는 참 어려운 일이지만, 자기 마음을 항상 관대하고 평온하게 할 수 있다면 세상에 사악한 인정도 없어질 것이라고 보았다. 공부를 하더라도 마음이 깨끗한 사람은 옛 성현들의 언행을 배우고 훌륭한 사람이 되지만 그렇지 않은 사람은 배움을 통해 자신의 사욕을 채우고 결점을 감싸는 데 쓴다고 꼬집는다. 이를 "침략자에게 무기를 빌려주고 도둑에게 양식을 갖다주는 일"에 빗대었다.

중용의 미덕도 채근담에서 큰 비중을 차지한다. 군자의 태도에 대해서도 "평상시의 기호가 너무 후하고 사치스러워도 안 되고 또한 지나치게 메마르고 각박해서도 안 된다"라든가, "검소함은 미덕이지만 도가 지나치면 탐욕스럽고 인색하게 되어 인정과 도리를 해치게 된다"라고 하면서 매사에 지나치지도 모자라지도 않기를 주문한다. 이외에도 선비가 몸가짐을 가벼이 해서는 안 되겠지만 마음 씀씀이가 지나치게 주도면밀해서도 안 된다는 것과, 배우는 사람은 조심하는 마음을 지녀야 하겠지만 또한 소탈한 멋도 지녀야 한다고 가르치고 있다.

세상을 살아감에 세속에 휩쓸려서도 안 되지만 그렇다고 세속과 담을 쌓아도 안 된다. 일을 추진할 때에는 남들의 미움을 받아서도 안 되지만 그렇다고 남의 비위를 맞추려 해서도 안 된다. (『채근담』 80쪽)

채근담의 철학 가운데 가장 선명한 것은 소박한 생활 가운데 즐거움은 찾아야 한다는 것이다. 시대적인 괴리감이 느껴지긴 하지만 거친 베 이불을 덮고 좁은 방에서도 잘 수 있고, 거친 밥에도 만족을 느낄 수 있으면 소탈한 인생의 참 의미를 알 수 있다고 한다. 아울러 인의도덕에 얽매이는 마음을 떨칠 수 있어야 성인의 경지로 나아갈 수 있다고 하면서 부귀영화에 대한 욕망보다 담박한 삶을 즐겁게 여기고 깨끗한 이름을 남겨 천하에 두는 것이 낫다고 강조한다.

"선비(士君子)는 가난하여 재물로써 다른 사람을 구제할 수 없더라도, 어리석고 방황하는 사람을 만나서는 한 마디 명철한 말로 깨우쳐 인도할 수 있고, 위급하고 곤란한 상황에 처한 사람을 만나서는 한 마디 지혜로운 말로 곤경에서 구해낼 수 있으니, 이 또한 헤아릴 수 없는 공덕이다"라는 말을 보고는, 저자 홍자성이 자신의 이야기를 하고 있는 듯한 느낌을 받았다. 입신양명에 뜻을 품은 모든 선비가 다 출세의 길로 나아갈 수는 없었을 것이고 그렇지 못한 이들은 곤궁한 생활 가운데도 이와 같은 생활로 자존감을 지켰을 것이라고 짐작해 본다.

그럼에도 채근담에서 세상을 바라보는 시각은 매우 긍정적이다. 사람들은 세상을 괴로움의 바다라고 표현하지만, 영예와 이익에 얽매이지 않고 자연의 정취를 즐기면서 살아간다면 이 세상은 충분히 아름답다고 말하고 있다.

이렇게 좋은 세상, 홍자성은 다음과 같이 살아가라고 말한다.

"내 마음을 어둡게 하지 않고 남을 야박하게 대하지 않으며 재물을 낭비하지 않는 것. 이 세 가지는 세상에 내 마음을 확고하게 세우는 길이고 뭇사람들에 대해 생활을 평안하게 해 주는 것이며 자손을 위해 복을 쌓는 일이다."
(『채근담』 77쪽)

그리고 백 년도 채 안 되는 인생, 허송세월하지 말고 인생의 즐거움을 맛보며 살아갈 것을 추천한다.

13

노년의 밑그림을 그려 두다
- 에피쿠로스 -

"우리는 한 번 태어날 뿐, 두 번 태어날 수 없다.
한 번 태어난 후 영원히 존재할 수도 없다.
하지만 너는 시간의 주인이 아닌데도,
행복을 뒤로 미루고 우물쭈물하다가 인생을 낭비하며
우리 각자 쓸데없이 분주히 움직이다가 죽는다."

멋지게 나이 든 시니어를 동경한다. 세월의 흔적을 피해 갈 순 없지만 건강미 느껴지는 외모, 유행을 타지 않는 정갈한 옷차림, 품위와 배려심이 배어있는 분위기…

'저분처럼 나이 들어가야지'하는 생각이 드는 할머니 롤모델이 가까이에 있으면 좋겠지만 책이나 영상으로 만나도 마음에 담아둔다. 사는 동안 겪어낸 숱한 기쁨과 슬픔에 단련되어 초탈하면서도 자신만의 독립적인 노년을 아름답게 가꾸어 가는, 원숙한 그들의 모습을 보며 앞으로의 나를 그려본다. 물건이든, 일이든, 인간관계든 나를 둘러싼 모든 것들에서 과하고 불필요한 부분들을 최대한 덜어내고, 하루하루를 귀하게 여기며 느리고 자연스럽게 살아가는 모습이다.

어느 저명한 미국의 교양철학 저술가가 일흔다섯 살 노인이 되었을 때 그리스의 이드라 섬으로 여행을 갔다. 그것도 '철학책'을 한 보따리 챙겨 들고. 철학 전공자로 생애 전체를 철학과 함께 했으면서도 노인이 된 그 자신이 "이 인생의 단계를 가장 만족스럽게 보낼 수 있는 방법을 찾고 싶었다"라는 것이 그 이유다. 참 의외였다. 일흔이 넘은 나이에도 어떻게 해야 최선의 삶을 살 수 있을지 철학자들이 점검하고 권고한 방법을 '책에서' 찾는다는 것과, 인생에는 답이 없고 배움에는 끝이 없다더니 정말이지 마지막까지 알 수 없는 것이 생(生)인가 싶은 생각도 들었다.

문득 이런 의문이 든다. 과연 생물학적으로 점점 쇠퇴해 가는 몸을 인정하고 받아들이면서 나이 든 시간을 어떻게든 잘 꾸려갈 수 있을까? 그런데 요즘은 그 시간이 아주 빠른 속도로 다가오고 있다는 것을 실감한다. 갑자기 오십견 증세가 찾아와 병원 치료를 받았을 때도 그랬지만, 눈이 쉬이 피로해지니 가까이 보는 용, 멀리 보는 용, 선글라스 등 안경의 종류가 점점 늘고, 컨디션이 멀쩡한 날에도 지하철 계단이 버거울 때는 그런 생각이 더 든다.

하지만 사실 내 마음은 나이 듦이 불안하다기보다 오히려 느긋한 쪽에 가깝다. 나 자신이 노년의 삶에 대해 상상하는 그림이 너무나도 소박한 데다, 어지간하면 이룰 수 있는 스몰픽처이기 때문이고, 무엇보다 철학자 에피쿠로스(B.C 341~B.C 271)가 믿음직한 나침반이 되어 주기 때문이다.

***

우리는 젊은 사람을 행복하다고 할 것이 아니라, 행복한 삶을 산 노인을 행복하다고 생각해야 한다. 왜냐하면 젊은이는 혈기왕성해서, 운에 의해 흐르는 물처럼 이리저리 이끌려 다니기 때문이다. 하지만 노인은 마치 항구에 닻을 내리듯, 자신의 노령에 닻을 내린다. 그래서 과거에는 꿈도 꾸어보지 못했던 좋은 일들을 감사히 안전한 곳으로 가져온다. (『쾌락』 26쪽)

노년의 삶을 생각할 때마다 에피쿠로스적 사유가 참 유용하다는 생각이 든다. 내세를 믿지 않았던 에피쿠로스는 노년이 인생에서 가장 안전하고 행복한 단계라고 편안하게 말해준다. 우리의 인생을 '여행길'에 비유하면서 시작보다 끝을 더 잘 만들도록 스스로 노력해야 하며, 이 시기가 만족스럽고 즐거워야 한다고 조언한다. 생각해 보면 지금처럼 매일의 일정에 쫓길 필요도, 더 이상 세파에 휩쓸릴 필요도 없는 자유로운 시기이기는 하지만, 한정된 시간이라는 것을 뚜렷이 자각하면서 어떻게 충일하게 보낼 수 있을지 생각해 두지 않을 수 없다. 물론 인생이 계획대로 척

척 되지 않는다는 건 진즉에 알았기에, 버킷리스트 작성 같은 건 좋아하지 않지만 대략의 밑그림을 그리면서 상상은 해 보곤 한다.

'쾌락주의자'로만 뚜렷이 기억하는 에피쿠로스는 사실 우리가 생각하는 쾌락과는 거리가 먼 삶을 살았다. 오히려 쾌락의 수단이 고통을 가져다줄 수도 있다는 것을 일찌감치 경고했었고 그 자신도 검소하게 살았다. 어느 제자에게는 "우리가 검소함을 중시하는 것은 항상 값싸고 소박한 음식을 먹으려는 것이 아니라, 음식에 관한 욕망에서 벗어나기 위한 것이다"라는 의미심장한 말을 남기기도 했다.

아테네에 외곽에 '정원'이라는 학교를 세우고 자신만의 독특한 사상으로 학파를 이룬 에피쿠로스는 세상과 자연스레 담을 쌓아버린 '정원'의 울타리 안에서 친구, 제자들과 공동체 생활을 하며 죽을 때까지 철학을 했다. 누구나 알아듣기 쉬운 강의를 했고, 온화한 성품으로 많은 사람들의 존경을 받았다. 규범론, 자연학, 윤리학 분야에서 자신의 주장을 담은 저서가 무려 300여 권이나 되는 다작의 작가이기도 하지만 지금까지 전해지는 것은 '편지 3편'과 '주요 가르침들'뿐이다.

어쨌거나, 에피쿠로스가 평생 사색하고 토론하고 연구한 끝에 우리에게 내놓은 좋은 삶이란 쾌락을 추구하는, '즐거운 삶'이다. 학교 정문에 "나그네여, 당신은 이곳에 머무는 것이 좋을 것입니다. 이곳에서 우리의 최고선은 쾌락입니다"라는 문구를 새겨 놓았을 정도다. 그러기 의해서는 '사려 깊음'도 갖추어야 한다. "사려 깊고 아름답고 정의롭게 살지 않고서 즐겁게 사는 것은 불가능하며, 반대로 즐겁게 살지 않고서 사려 깊고 아름답고 정의롭게 사는 것도 불가능하다"는 게 에피쿠로스의 신조였다. 에피쿠로스가 말하는 쾌락은 우리가 대체로 생각하듯 먹고 마시고 즐기는 그런 것이 아니라, 정신을 즐겁게 하는 철학적 대화와 공부, 정원 산책 등을 말한다.

에피쿠로스주의자가 추구하는 쾌락은 이런 것이다.

우리가 "쾌락이 목적이다"라고 할 때 이 말은, 우리를 잘 모르거나 우리의 입장에 동의하지 않는 사람들이 생각했던 것처럼, 방탕한 자들의 쾌락이나 육체적인 쾌락을 의미하는 것이 아니다. 내가 말하는 쾌락은 몸의 고통이나 마음의 혼란으로부터의 자유이다. 왜냐하면 삶을 즐겁게 만드는 것은 계속 술을 마시고 흥청거리는 일도 아니고, 욕

구를 만족시키는 일도 아니며, 물고기를 마음껏 먹거나 풍성한 식탁을 가지는 것도 아니고, 오히려 모든 선택과 기피의 동기를 발견하고 공허한 추측들 - 이것 때문에 마음의 가장 고통이 생겨난다. - 을 몰아내면서, 멀쩡한 정신으로 계산하는 것이기 때문이다. (『쾌락』 47~48쪽)

고통으로부터 어느 정도 자유로워졌느냐가 쾌락의 크기라고 에피쿠로스는 말한다. 또한 순간적이고 감각적인 육체적 쾌락보다, 지속적이고 정적인 정신적 쾌락에 가치를 더 부여한다. 물론 "맛의 즐거움, 사랑의 쾌락, 듣는 즐거움, 아름다운 모습을 보아서 생기는 즐거운 감정들"을 다 선(善)이라고는 했지만, 필연적인 욕망들 중에서도 몸의 휴식을 위해, 행복을 위해, 삶 자체를 위해 어떤 것이 필요한가를 잘 관찰해서 선택하거나 피해야 한다고 충고한다. 먹는 것도 약간의 빵과 물, 양념하지 않은 삶은 콩 한 사발로 족하다고 했던 에피쿠로스의 사상은 그리 거창하지도 않고 실천하기도 어렵지 않은 생활철학이다.

* * *

꼭 필요한 것만을 가진 홀가분한 상태는 노년의 생활에 대한 나의 로망이다. 사실은 수년 전부터 조금씩 실천해 가고 있다. 쓰지도 않는데 자리를 차지하고 있는 군더더기 살림을 조금씩 비워낼 때마다 내가 바라는 노년의 모습과 점점 가까워지는 느낌이다. 집을 차지하고 있는 여러 물건 중에 내가 가장 욕망하고 구매에 에너지를 쏟은 것은 아무리 둘러봐도 책이다. 거실 책장에, 방에, 서랍장 위에 구석구석 널브러진 책들을 몇 차례 정리하고 꼭 곁에 두고 싶은 작가와 작품에 더해 내가 부담 없이 관리할 수 있는 총량의 범주를 넘어가지 않도록 노력하는 중이다.

그 다음으로 많은 것은 옷인데 아직 '최소한'이 되지는 못했지만 "적을수록 풍요롭다"는 어느 경제인류학자의 유명한 말을 옷에 꼭 적용해 보려고 한다. 몇 년 전 환경운동 단체를 이끄는 한 여성을 만난 적이 있는데, 이분은 지구를 위해 옷을 아예 사지 않는다며 30년이 지난 옷을 입고 나왔는데 말하기 전에는 오래된 옷인 걸 전혀 모를 정도로 멋있었던 기억이 난다. "옷은 많은데 왜 입을 옷이 없지?"라는 것이 많은 여성들의 의문인데, 옷의 종류가 줄면 있는 옷을 활용한 코디의 센스가 늘어 이런 고민도 줄어들게 될 것이다.

다행히 주방의 살림은 애초부터 적었고 새것도 거의 사지도 않는 편이다. 어쩌다가 한 번씩, 커피 마실 때 기분 좋아지라고 머그잔이나 찻잔을 바꾸는 정도의 사치만으로도 충분히 기분전환은 된다. 요즘 사람들은 틱톡과 쇼츠가 추천하는 대로 물건을 구매하며 살아간다고 지적하는 어느 강연자의 영상을 본 적이 있다. 친절한 에피쿠로스도 말할 것이다. 끝없는 욕망으로 인해 추가로 생기는 것들에 의해서는 진정한 기쁨이 결코 생기지 않는다고.

에피쿠로스학파를 대표하는 용어 '아타락시아'도 과욕에서 벗어난 마음의 평정 상태, 어떤 것에도 흔들리지 않는 영혼의 고요한 상태를 의미한다. 평소에 갈고 닦아야 하는 마음의 경지 같은 것인데 내가 가장 자신 있어 하는 철학적 자세이기도 하다. 예상치 못한 인생의 타격에도 웬만해선 흥분하거나 동요하지 않고, 슬기롭게 대처하는 힘은 나이가 들수록 더 필요하지 않을까…

* * *

친구들과 잘 어울리며 사는 것도 에피쿠로스가 소중하게 여긴 인생의 즐거움이다. '우정'을 축복된 인생이 만드는 것들 중에 가장 위대한 것이라고 보았고, 어떤 요리를 먹느냐보다 누구와 먹느냐에 더 의미를 둘 정도였다. 그의 '정원'에는 당시로는 파격적이게도 외국인과 노예는 물론 창녀도 속해 있었다. 이 때문에 사람들의 비웃음을 사기도 했지만 에피쿠로스는 그렇게 신분이나 지위에 대한 구분 없이 친구, 제자들과 친밀한 관계를 죽기 전까지 유지했다. "우정에 너무 적극적인 사람과 너무 머뭇거리는 사람은 모두 옳지 않다. 하지만 우리는 우정을 위해서 모험을 해야 한다"는 것이 그의 견해이다.

대만의 할머니 의사 류슈즈의 『나답게 나이 드는 즐거움』이라는 책에도 중년 이후의 삶에서 "고립되지 않도록 느슨하더라도 인간관계를 유지하는 것도 필요하다"며 봉사든 취미든 운동이든 함께 할 수 있는 동호회 활동도 특별히 권한다. 또한 공공기관이나 지역대학에서 하는 다양한 프로그램에 참여해서 새로운 공부도 하고 새로운 친구도 사귈 것은 추천한다. 결론적으로 "책 많이 읽고 운동하고 사람들과 잘 어울리고 밤새우지 말고 채소 많이 먹고 몸을 잘 챙겨야 한다"는 엄마의 잔소리 같은 말을 잘 따라야 한다고 말한다.

이외에도 노년의 가장 큰 두려움인 죽음에 관한 한 에피쿠로스만큼 쿨한 철학자가 드물다. 그는 죽음이 아무것도 아니라고 세상 편하게 이야기한다. 고대 철학자 데모크리토스의 원자론을 받아들이고 발전시킨 에피쿠로스에 따르면, 세계는 허공과 원자로 구성된 물체로 이루어져 있는데 이는 인간의 육체와 영혼 또한 마찬가지다. 육체는 그런가 보다 하겠는데 영혼까지 물체와 비슷한 속성으로 이해한 점이 꽤 특별하게 느껴진다. "영혼도 미세한 입자들로 구성된 물체이며, 몸 전체에 고루 퍼져 있고, 열기와 혼합된 바람과 매우 유사하며, 어떤 관점에서는 바람과 닮은 반면 다른 관점에서는 열기와 닮았다"는 부분은 언제봐도 흥미롭다.

이러한 원자론적 유물론은 자연스레 죽음에 관한 세계관으로 이어진다. 에피쿠로스의 말대로라면 육체는 물론 영혼조차, 죽고 나면 원자가 다 흩어져 없어지고 만다. 죽음 이후에 정말 아무것도 없다는 것이다. 참 시원한 해석이면서, 차라리 그게 낫겠다는 생각도 해 본다. 세상의 수많은 종교들은 이 말에 반박하겠지만 한편으로는 인간이 죽음의 공포로부터 가벼워지게 만드는 세계관이 아닐까 싶다.

에피쿠로스는 요로결석과 이질이라는 병으로 14일간 크게 앓다가 72세에 죽었다. 그때 그는 따뜻한 물로 데워진 청동 욕조에 들어가 물을 섞지 않은 포도주를 한 번에 들이키고 친구들에게 자신의 가르침을 기억하라고 하고서 숨을 거두었다. 이후 그가 창시한 에피쿠로스학파는 제자들을 통해 오래 그 계보를 이어갔다.

우리는 한 번 태어날 뿐, 두 번 태어날 수 없다. 한 번 태어난 후 영원히 존재할 수도 없다. 하지만 너는 시간의 주인이 아닌데도, 행복을 뒤로 미루고 우물쭈물하다가 인생을 낭비하며 우리 각자 쓸데없이 분주히 움직이다가 죽는다. (『에피쿠로스 쾌락』, 139~140쪽)

에피쿠로스의 『쾌락』 가운데 가장 좋아하는 부분이다.

참고문헌

플라톤 지음, 천병희 옮김, 『소크라테스의 변론』, 숲, 2012.

크세노폰 지음, 천병희 옮김, 『소크라테스 회상록』, 숲, 2018.

크세노폰 지음, 최혁순 옮김, 『소크라테스 회상』, 범우(주), 2015.

폴 존슨 지음, 이경아 옮김, 『그 사람, 소크라테스』, 이론과 실천, 2013.

노자 지음, 소준섭 옮김, 『도덕경』, 현대지성, 2019.

노자 지음, 오강남 풀이, 『도덕경』, 현암사, 2010.

노자 지음, 황병국 옮김, 『도덕경』, 범우사, 2021.

노자 지음, 정세근 옮김, 『노자 도덕경』, 문예출판사, 2017.

브라이언 헤어·버네사 우즈 공저, 이민아 옮김, 『다정한 것이 살아남는다』, 디플롯, 2021.

알랭 지음, 방곤 옮김, 『인간론/행복론/말의 예지』, 동서문화사, 2016.

알랭 지음, 변광배 옮김, 『알랭의 행복론』, 디오네, 2016.

웨인다이어 지음, 오현정 옮김, 『행복한 이기주의자』, 2006.

버트런드 러셀 지음, 황문수 옮김, 『행복의 정복』, 2004.

탈 벤-샤하르 지음, 『해피어』, 2007.

홍자성(洪自誠) 지음, 김성중 옮김, 『**채근담**』, 홍익출판사, 2018.

마르쿠스 아우렐리우스 지음, 박문재 옮김, 『**명상록**』, 현대지성, 2018.

장바티스트 구리나 지음, 김유석 옮김, 『**스토아주의**』, 글항아리, 2016.

뤼디거 자프란스키 지음, 오윤희·육혜원 옮김, 『**니체 그의 사상의 전기**』, 꿈결, 2017.

프리드리히 니체 지음, 정동호 옮김, 『**차라투스트라는 이렇게 말했다**』, 책세상, 2008.

프리드리히 니체 지음, 김미기 옮김, 『**인간적인 너무나 인간적인 Ⅰ**』, 책세상, 2002.

프리드리히 니체 지음, 김미기 옮김, 『**인간적인 너무나 인간적인 Ⅱ**』, 책세상, 2002.

프리드리히 니체 지음, 사순옥 옮김, 『**짜라투스트라는 이렇게 말했다**』, 홍신문화사, 2011.

법구(法救) 지음, 한명숙 옮김, 『**법구경**』, 홍익출판사, 1999.

법구(法救) 지음, 이규호 역해, 『**법구경**』, 문예춘추사, 2016.

글 법상, 그림 용정운, 『**내 안에 삶의 나침반이 있다**』, 민족사, 2013.

도미니크 로로 지음, 김성희 옮김, 『**심플하게 산다**』, 바다출판사, 2012.

아리스토텔레스 지음, 이창우·김재홍·강상진 옮김, 『**니코마코스 윤리학**』, 이제이북스, 2006.

아리스토텔레스 지음, 천병희 옮김, 『**니코마코스 윤리학**』, 숲, 2018.

주희 엮음, 김미영 옮김, 『**대학·중용**』, 홍익출판사, 2011.

몽테뉴 지음, 민희식 옮김, 『**몽테뉴 수상록**』, 육문사, 2013.

앙드레 지음, 오웅석 옮김, 『몽테뉴의 살아있는 생각 수상록』 서교책방, 2025.

슈테판 츠바이크 지음, 안인희 옮김, 『위로하는 정신』 유유, 2012.

에리히프롬 지음, 황문수 옮김, 『사랑의 기술』 문예출판사, 2006.

막스 뮐러 지음, 홍경호 옮김, 『독일인의 사랑』 범우사, 2018.

에피쿠로스 지음, 박문재 옮김, 『에피쿠로스 쾌락』 현대지성, 2002

에피쿠로스 지음, 오유석 옮김, 『쾌락』 문학과 지성사, 2019.

류슈즈 지음, 박주선 옮김, 『나답게 나이 드는 즐거움』 2024.

대니얼 클라인 지음, 김유신 옮김, 『철학자처럼 느긋하게 나이 드는 법』 2015.

공자 지음, 소준섭 옮김, 『논어』 현대지성, 2018.

공자 지음, 김형찬 옮김, 『논어』 홍익출판사, 2018.

동양고전연구회 역주, 『논어』 민음사, 2016.

아르투어 쇼펜하우어 지음, 홍성광 옮김, 『쇼펜하우어의 행복론과 인생론』 2023.

헬렌 짐먼 지음, 김성균 옮김, 『쇼펜하우어의 평전』 우물이 있는 집, 2016.

아르투어 쇼펜하우어 지음, 『문장론』 지훈출판사, 2005.

아르투어 쇼펜하우어 지음, 정필태 옮김, 『쇼펜하우어 염세철학 입문』 청목서적, 1987.

뤼디거 자프란스키 지음, 『쇼펜하우어』 이화북스, 2020.